JN066053

感情はコントロールしなくていい

「ネガティブな気持ち」を味方にする方法

心理カウンセラー
オールイズワン代表
石原加受子

日本実業出版社

ネガティブな感情は自分を守るための情報——はじめに

ネガティブな感情を毛嫌いする人がいます。

自分の感情に振り回されて、ネガティブな感情を何とかコントロールしようと四苦八苦する人がいます。

我慢することに慣れてしまっている人は、ネガティブな感情が起こっても、それを必死に抑えて耐えようとします。

あまりにもネガティブな感情にさらされ続けてきた人は、すでに感情に対して鈍感になっているかもしれません。

こんな人たちに共通するのは、ポジティブな感情を感じる心に乏しいということです。

感情に鈍感になれば、ポジティブな感情も、同時に失っていきます。

幸せも歓びも満足も、ポジティブな実感の中にこそあります。ポジティブな感情を失うというのは、無味乾燥な世界で生きるということと同じではないでしょうか。

感情をコントロールする、感情を抑えて我慢する。こんなことを続けていけば、自分らしさも次第に喪失していくでしょう。

これは、本当にもったいないことです。なぜなら、ネガティブな感情は、自分にとって「貴重な情報」と言えるからです。ネガティブな感情は、〝自分を愛していない〟ときに感じるものです。

つまり、**ネガティブな感情は、自分が自分を守るため、あるいは愛するための、自分の無意識からのメッセージ**です。だからこそ、コントロールしたり抑えたりするのではなく、自分のための情報として味方につけて寄り添いましょう。

そうしてこそ、自分を愛し、自分を発展させることができるのです。

二〇二〇年五月

石原加受子

目次 ―『感情はコントロールしなくていい』

第2章

「我慢」を味方にすれば「ストレス」がなくなる

第3章

「競争心」を味方にすれば「成果」が出る

第4章

「見栄」を味方にすれば「優れた能力」を発揮できる

第5章

「不安」を味方にすれば「行動」しやすくなる

第6章

「焦り」を味方にすれば「成功」する

第7章 感情を味方にするとすべてがうまくいく

カバーデザイン■坂川朱音（朱猫堂）
カバーイラスト■くにともゆかり
本文デザイン・イラスト■初見弘一

第1章

「怒り」を味方にすれば「人間関係」はうまくいく

感情は自分を知るための「情報」

感情が生まれるのには「理由」がある

どうしてこんな単純なことに気づかないのかと、不思議でなりません。

いまもって、「感情を抑える」「怒りを抑える」という言い方が一般的であるように、「怒りは、管理するべきもの、コントロールするべきもの」という思い込みがまかり通っています。

そんな、怒りを「管理する」、あるいは「コントロールする」という言葉を聞くたびに、まだまだ、感情は不意に暴走したり荒れ狂ったりする代物だから、上手にごまかしたり注意をそらせたりして「うまくコントロールすべき」という域から出ていないのだと、心がしぼむ思いがします。

ネガティブな感情であれポジティブな感情であれ、理由がなくて起こることはありません。

何らかの理由があるから感情が起こるのです。

自分にとって好ましいことが起これば、ポジティブな気持ちになります。

自分にとって不都合なことが起これば、ネガティブな気持ちになります。

感情によって、自分に何が起こっているかがわかります。とくにネガティブな感情であれば、それによって、自分のどこに問題があるのかを探り当てることができます。

感情は自分の問題点を見つけ出すツールなのですから、「感情を抑えたり、コントロールする」というのは、はっきり言うと間違っているのです。

そういう意味で、**感情は、自分にとっての「情報」**だと言えるのです。

たとえばあなたが、目の前にいる相手に怒鳴ったとしたら、一つの原因は、その相手に腹が立ったからでしょう。

けれども、目の前の相手に怒鳴ったとしても、本当は、その相手に対してではなく、別のことや別の相手のことですでにイライラしていて、その怒りを、つい目の前にいる相手にぶつけてしまったのかもしれません。

あるいは、自分の根本問題として、人や社会に対しての認識が間違っていたり、根底にある意識そのものがネガティブであったりするために、万事において怒りになってしまうのかもしれません。ネガティブな意識という点では、とりわけ人や社会を「敵」だと認識していれば、つねに自分は「攻撃される」という被害者的な見方をしているでしょう。

最初から、他者に対してネガティブな意識を抱いていれば、自分に向けられるどんな行為も、仮にそれが善意や好意であったとしても、敵意があるかのように見えているのかもしれません。

感情には「目的」がある

感情が生まれるのには「理由」がありますが、もう一つ、**無意識の視点から言うと、感情には、ネガティブなものであれポジティブなものであれ、「目的」が**

感情の二大原則

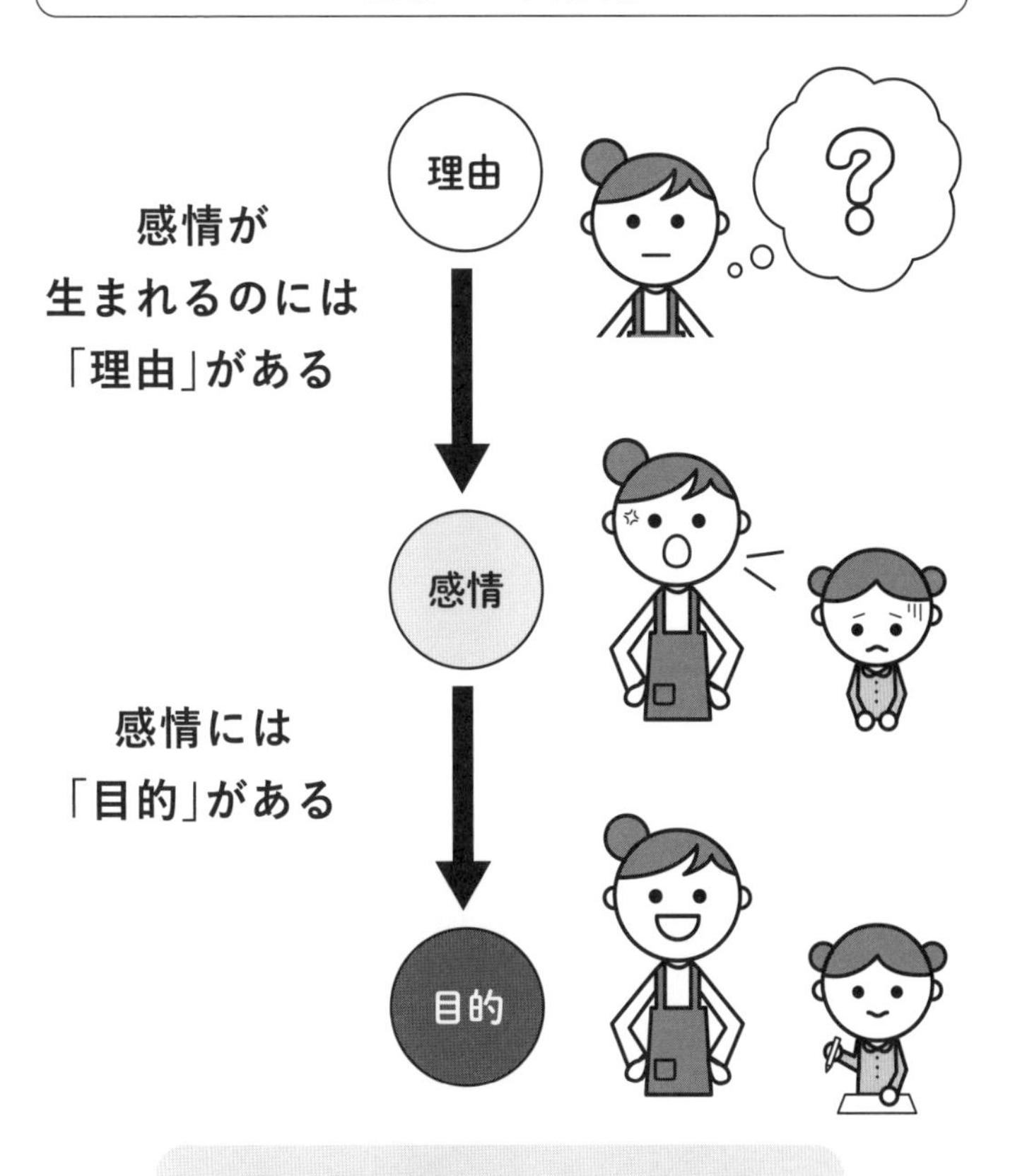

感情には「理由」と「目的」がある

あります。無意識の領域での話だとしても、これは無視できません。

自分では気づかなくても、その目的を達成するために、「〝怒り〟という感情を〝使う〟」ことも、私たちはしているのです。

自覚していない人たちが大半なのかもしれませんが、誰もが、この手段を使っています。

たとえば、家庭環境で、親が子どもに対してたびたび感情的になって「怒鳴る」としたら、どうしてでしょうか。

親の言い分としては、子どもが「腹を立てたくなるようなことをしでかすから」となるでしょう。

けれども、ほとんどの場合、怒鳴らなくても解決できる方法があるのなら、怒鳴る必要はありません。

それでも怒鳴るのは、親が怒鳴れば、子どもは「黙って従う」からでしょう。

親は、無意識にそれを承知しています。確かに親子の関係では、親が怒鳴れば、子どもは黙って従うかもしれません。

では、そんな環境で育つと、子どもは何を学習するでしょうか。

もちろん、親に限らず怒鳴ってくる相手には、怖くて黙って従う可能性が高くなるでしょう。それと同時に、子ども自身も、「相手を動かすために、怒鳴る」という方法を学習することになるのです。

これが、自分の目的達成のために、怒鳴ることによって怒りという感情を「使う」ということです。

しかもそうやって感情を使っていると、怒鳴ることが当たり前になってしまいます。そのために、まったく腹を立てる必要のない場面においても、自動的に「怒鳴る」という方法にスイッチが入ってしまいます。つまり自分にとって非常にマイナスとなるパターンを身につけてしまうかもしれないのです。

まさにいま、社会には、こんな怒りが充満しています。

怒りの理由は「腹が立ったから」だけではない

ポジティブな関わり方、ネガティブな関わり方

感情的になったり怒鳴ったりするのには、自分の育った家庭で、家族がどんな関わり方をしていたかが影響しています。
単純に大きく分けると、人との関わり方には、ポジティブなものと、ネガティブなものがあります。

当然のことながら、家庭で「ポジティブな関わり方」がメインになっていれば、満足感や充実感や自負心といったポジティブな気分や感情を感じることが多いので、ポジティブな〝感じ方〟が育ちます。

すなわちその感じ方は、「自己肯定感」と置き換えてもいいものです。

他方、家庭で「ネガティブな関わり方」がメインになっていれば、怒りだけでなく、焦りや苛立ちや不安、憎しみや恨みや失望といったネガティブな気分や感情を感じることが多いので、ネガティブな〝感じ方〟が育ちます。

しかもそんなネガティブな感情を解消できなければ、ずっとネガティブな感情を抱き続けることになり、不満足感が蓄積し、また増大していきます。そんな不満足感は、「自分が、自分の力で解決できない」という「無力感」を生みだし、それが「自己否定」へとつながっていくのです。

人とポジティブなコミュニケーションの取り方や主張の仕方を知らなければ、非常に困った問題が起こります。

つまり、自分の人生が、とにかく感情的になって、「相手とやり合う」ことが「最大の目標になってしまう」のです。

それは、どういったことでしょうか。

●怒鳴るのは「ひとりぼっち」になるのが怖いから

あなたは、まるで「感情的になって言い争っている」ようにしか見えない場面を見たことはありませんか。第三者からはそう見えても、当人たちは、それが当たり前になっているので、自分たちが争い合っているという認識はありません。

あるいは、一つ屋根の下でいがみ合ってばかりいて、

「そんなに争うのであれば、別々に生活すればいいのに」

と思ってしまうような家庭もあります。

けれども、その家庭が「ネガティブな関わり方」しか学んでいなければ、いがみ合うしかありません。だから、いがみ合いをやめられないのです。また、そういう親子関係であればあるほど、精神的にも自立できていないので、離れることもできないでしょう。

どうして、いがみ合っていても、離れることができないのでしょうか。

それは、孤独になることを恐れるからです。

私たちは、もともと孤独に耐えることができません。

私たちの周囲には人がいて、テレビやパソコンやスマホで遠く離れた世界の情報を入手できます。つねに情報があふれていて、その中にこもって浸っていれば、自分が孤独であることを、いっとき、意識の外に追い出すこともできます。

こういった環境を一切絶ってしまうと、たちまち「自分が孤独である」ことに気づくかもしれませんが、情報の渦に呑み込まれていれば、改めて自分が孤独であるかどうかなどと考える余裕もなく、自分の心すらつかめなくなってしまうでしょう。

たとえば「顕在意識の私」は、孤独であると感じていません。

この「顕在意識の私」とは、自分の考えていることや感じていることや自分の言動を、知覚し自覚できている自分、という意味です。

そうであっても、「無意識の私」は、正確に自分が孤独であることを把握し、認識しています。この「無意識の私」とは、顕在意識では自覚できていない一切のことを言います。

自分が孤独であることを自覚したくなければ、孤独であることの思いを顕在意識にのぼらせないようにすることもできます。

ですから、自分が気づかずとも無意識のところで孤独感を抱いているとしたら、その中には、自分がこんな境遇であることへの怒りも内在しているでしょう。

気づいていても気づいていなくても、私たちは誰もが、社会から孤立することを恐れていて、誰かと一緒にいたい、どこかに所属していたいという欲求をもっています。

要するに、ひとりぼっちになるのが、怖いのです。

依存性の強い人ほど、誰かにすがっていないと怖くてたまりません。見捨てられそうになると、その恐れから、怒りだす人もいます。

本人は自覚していませんが、怒鳴るというのは、

「ひとりぼっちになると怖いので、見捨てないでほしい」

とお願いするのではなく、

「俺をひとりぼっちにしたら、許さんぞ!!」

と、吠えているようなものなのです。

●「他者承認欲求」と「自己承認欲求」

では、人と一緒にいればそれだけで満たされるかというと、そうでもありません。なぜなら、私たちには自尊心や自負心があるからです。

それを満たそうとするのが、「**承認欲求**」と呼ばれるものです。

この「承認欲求」は、「**他者承認欲求**」と「**自己承認欲求**」の二つに分けられます。

私たちは、自分の存在価値を、他者から認められたいし、評価されたいし、尊重されたいと望んでいます。

これを「他者承認欲求」と言います。

この「**他者承認欲求」は、承認を他者に求めるために、その欲求を満たすには、つねに、自分を認めてくれる「他者の存在」を必要とします。**

けれども本当は、そうやって他者に認められることを望むのは、それ以上に、誰よりも自分自身が、自分を価値ある存在であると信じたいし、そう願っているからでしょう。

これを「自己承認欲求」と言います。

また、この**「自己承認欲求」は、自分で自分を価値ある存在であると認めることができればいいだけなので、他者に依拠していません。**


ところがいまの社会の風潮は、競い合いが激化し、心の豊かさよりも地位、肩書き、お金、外見といったことで優位に立つことを目指し、「自分をわかってほしい。私を認めてほしい。人より秀でていたい、目立ちたい」と「他者承認」ばかりを追い求めていて、自分が自分を認めることができない人たちが、圧倒的多数であるように思います。

もし、あなたが、そんな他者承認欲求を抱きながらも、人とポジティブに関わることができなかったり評価されなかったりしたら、どうでしょうか。あるいは、そんな環境によって、満足感や充実感や幸福感といったポジティブな感情を感じる感度が阻害されているとしたら、どうでしょうか。

「他者承認欲求」と「自己承認欲求」

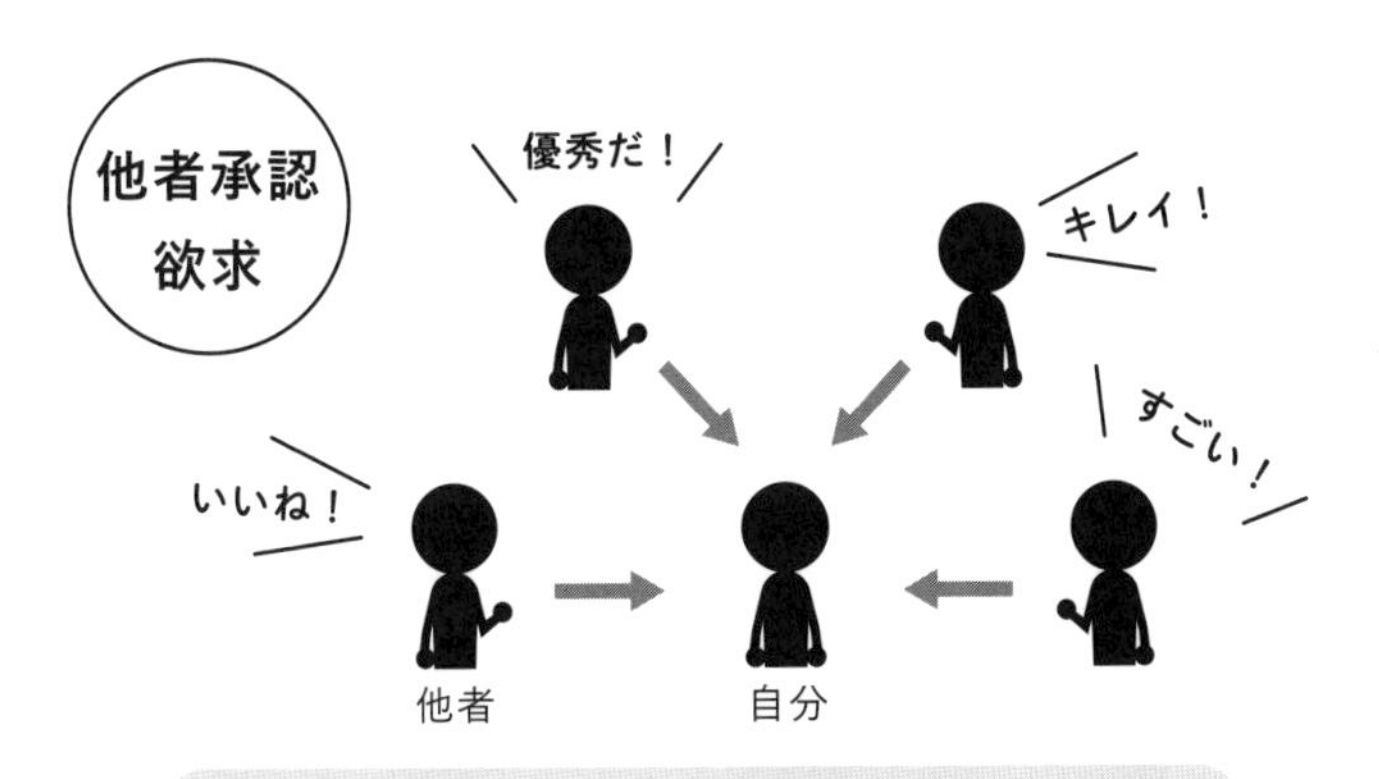

自分を認めてくれる「他者の存在」が必要

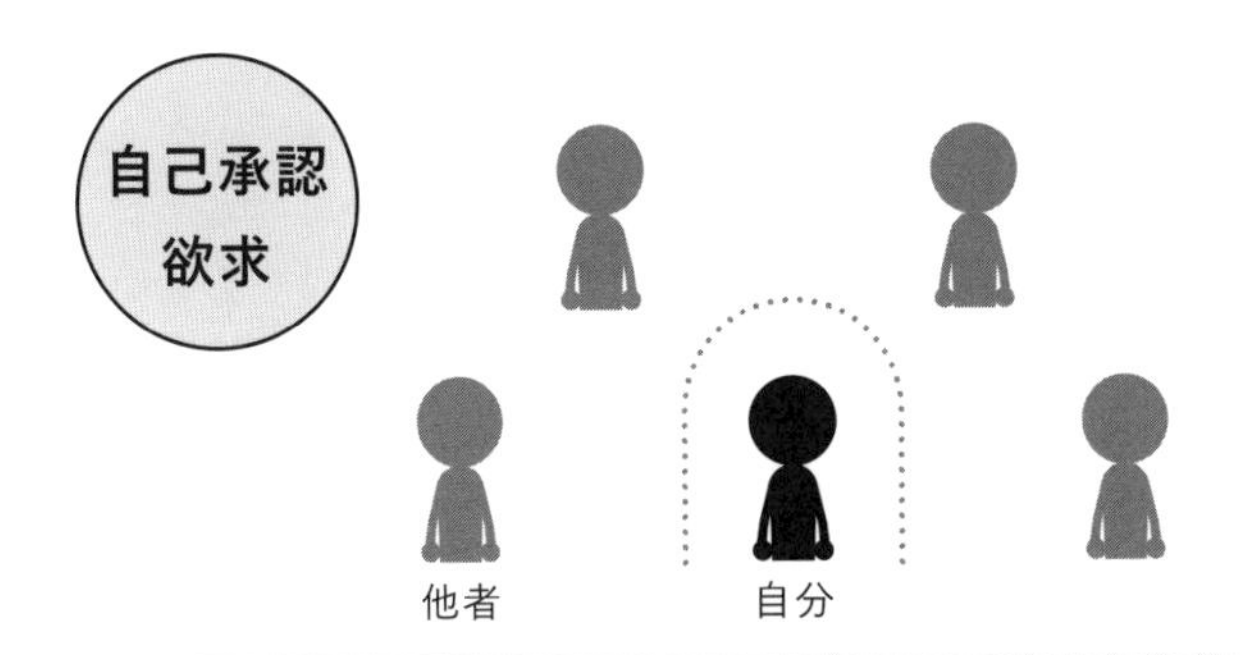

他者ではなく、自分を自分で認めればいい

それでも、

- 孤独になりたくない
- 無視されるのが怖い
- 自分の価値を、認めてもらいたい
- 自分を評価してもらいたい

そんな思いにとらわれていたら、ネガティブな方法であったとしても、自分が学んでいる方法で、人と関わろうとするでしょう。

それが仮にネガティブな関わり方であったとしても、少なくとも、反応してくれる相手がいれば、「孤独であること」を回避できます。

ネガティブな関係であっても、お互いに反応し合うとしたら、相手が自分に応じてくれるという意味で、

「相手から、見捨てられていない」

という安心感を得られるでしょう。

さらには、そうやっていがみ合っているとき、ある場面で優位に立てば、他者承認欲求が満たされたような気分になるかもしれません。

●他者に怒りを向けるのは「メリット」があるから

こんなふうに「怒り」という感情が起こるのには、相手に腹が立ったからという理由の他にも、さまざまな理由があります。また、他者に怒りを向けることでいくつものメリットも得られます。

孤独への回避や他者承認欲求を満たすという以外にも、

- 現実を直視しないですむ
- 自分と向き合わずにすむ
- 仮に自分に非があったとしても、それを認めないですむ
- あわよくば、自分の責任を人のせいにして転嫁することもできる

といったメリットも考えられます。

自分では気づかなくても、これ以外にもたくさんあるでしょう。自分の無意識は、そのメリットも承知しています。

「怒り」という点では、とりわけ、自分が「ポジティブな関わり方」や「ポジティ

ブなコミュニケーションの取り方」を知らないことが、大きな影響を与えています。

ポジティブな関わり方を知らなければ、怒りという感情を使って、ネガティブな方法で人と関わるしかありません。

ですから、怒りは決して突然降って湧いたように噴き出すわけではありません。

まさにこれが、怒りの元凶となっていると言っても過言ではありません。

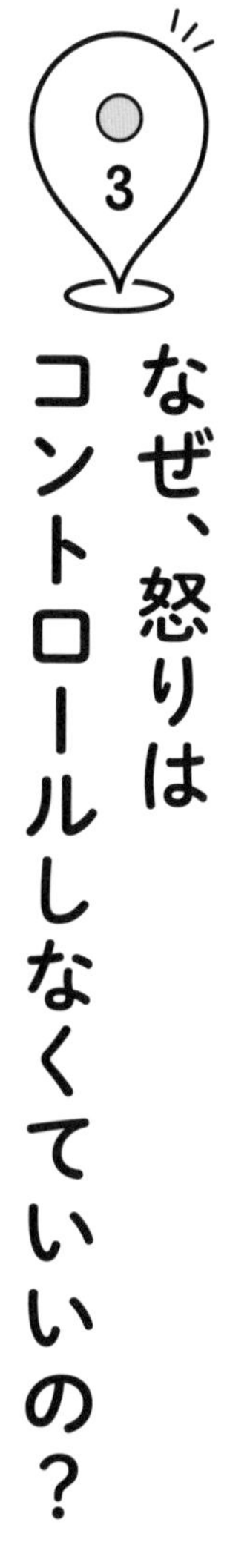

3 なぜ、怒りはコントロールしなくていいの？

他者に怒りをぶつけても「自分の問題」は解決しない

もちろん他者に怒りをぶつけたからといって、心から満足することはありません。自分の問題が氷解するわけでもありません。また、そうであるがゆえに、怒りをぶつけるだけでは、知らないうちに自分の無力さを痛感し、自己信頼を自ら下げていくことになるでしょう。

前記したように、**すぐにカッと頭に血がのぼったり、直接自分と関係がない相手に怒りをぶつけたりしてしまうのは、自分がさまざまな問題を抱えているから**です。

それを放置したまま、心がすっきりと解消することはないでしょう。

それは自分の過去を振り返ってみても、現状を見ても、自分自身が痛感していることではないでしょうか。

むしろそうやって**自分の問題を未解決のまま、「怒り」という感情を管理したりコントロールしたりしようとすれば、制御できるどころか、限界に達したときには、それこそ暴走してしまう**でしょう。

いまやほんのちょっと周囲と違った意見を言うと、ネットやＳＮＳなどで、袋叩きにあうような集中攻撃を受けます。少数派の人たちに対する差別意識が強くて、少数派であることが「悪」であるかのように攻撃する人たちも少なくありません。

まるでそれは、えさに群がるアリのような光景をほうふつとさせます。

しかもそうやって攻撃している人たちの意識の中には、憎悪を感じます。誰に対する憎悪であるかを深く考えることもなく、その憎悪に駆られて、他者を攻撃しています。

社会全体の傾向を見ていると、いまや怒りは鎮(しず)まるどころか、ますますエスカレートしている感がありますし、怒りが憎しみや恨みにまで発展しているとしか思えないような出来事や事件が頻発しています。

それは、怒りを抑えたり、管理したりコントロールしようとしてきた結果だと言えるでしょう。怒りだけでなくネガティブな感情に対しての社会通念が、「明らかに間違っている」ということの証左ではないでしょうか。

実際に、怒りは、我慢したり、管理したりコントロールすべきだという誤った概念が、すでに制御できない状態になりつつあるという現実が、それを教えてくれています。

●「怒り」が生まれるのは他者承認に意識が向いているから

前記した「承認欲求」に関連することですが、**「怒り」が生じるのは、圧倒的多数の人たちが、自己承認よりも他者承認を目指しているから**だと言えるでしょう。

「他者承認」は、他者に自分の承認や評価を委ねます。当然のことながら、他者の反応が気になるために、自分の関心は、他者の言動や周囲の動向へと注がれます。その意識もまた、自分の心に沿うよりも、「相手が自分のことを、どう見るか」という目線で判断し、行動しようとします。

情報社会化が急速に進んでいる現代では、そうやって自分の心に無関心な人ほど、他者や周囲の出来事に目を奪われているでしょう。

逆の言い方をすれば、**他者や周囲の出来事に目を奪われている人ほど、自分の心に無関心になっていきます。**

そうであるために、自分の心を基準にするよりも、「他者の目や評価」を目的として動こうとします。

私は、長年の心理療法を通して、独自の視点から、「自分中心」「他者中心」というとらえ方で心のメカニズムを語り、これを総じて「**自分中心心理学**」と呼んでいます。

この両者の決定的な違いは、文字通り、自分を中心にした生き方と、他者を中心にした生き方です。

「他者中心」と「自分中心」

「他者」を中心にした視点で、思考・判断・行動する

「自分」を中心にした視点で、思考・判断・行動する

「自分中心」の生き方は、物事を、自分を中心にした視点でとらえて思考し、判断し、そして選択し、行動していきます。そうであるために、自分中心であればあるほど、自己信頼が高くなっていきます。どんな自分であっても、認められるようになっていくでしょう。

反対に、**「他者中心」の生き方は、物事を、他者を中心にした視点でとらえて思考し、判断し、そして選択し、行動していきます。**

この他者中心の生き方は、他者や外側を基準とするために、一般常識、規範、規則、ルール、習慣、風習といったものを重視します。自分の心や思いや気持ちよりも、外側にあるものに、自分を合わせようとしたり、適応させようとしたりします。

そのために、自分の心や思いや気持ちを大事にしようとするよりも、「思考や知識」が優先されます。損得勘定や勝ち負けの意識も、こんな他者中心から生まれます。比較して優劣や強弱を競うのも、この他者中心の意識から生まれます。

自分の意識の目が他者や外側に向いていれば、検証するまでもなく、目にしている対象物に対して、自分自身が「どんなふうに感じているのか」「どんな気持ちや思いを抱いているか」にも、気づかなくなっていくでしょう。

●「自分中心」で自分の感情や欲求を大事にする

自分の意識を自分に向けるか、他者に向けるかで、選択するものも、自動的に決まっていきます。

たとえば、他者中心になって、自分の意識が外側に向かえば、他者を基準としたとらえ方になるために、「他者承認」を目指すようになるでしょう。

反対に、**自分中心になって、自分の気持ちや感情や欲求を大事にした選択をしていけば、「自己承認」を目指すようになる**でしょう。

単純な原理です。

他者中心になればなるほど、物事を判断する尺度は外側に置かれるために、自分で自分を認められなくなっていきます。物事を、自分で決めたり選択できなくなったりしていきます。誰かがその基準を示してくれないと、自信がもてません。

社会の圧倒的多数の人たちが不安でたまらないことも、焦り続けることも、また、他者と自分を比較して、勝ち負けや優劣を競うのも、この社会が、ますます「他者中心」に冒されていっているからだと言えるでしょう。

そんな意識が、すでに蔓延（まんえん）してしまっている……。

しかもこんな意識で他者に認められようと必死になってがんばっても、その欲求が満たされないとしたら、どうでしょうか。

他者承認で得られない不満足感が、自分の心の底に鬱積（うっせき）していたら、どうでしょうか。

そんなネガティブな意識は、どれだけでもネガティブな感情を生成し、それを、他者にぶつけないではいられないほど、増幅していくでしょう。

これが「怒り」の正体です。

つまり、**怒りは、「他者中心」の人たちの、言わば専売特許**なのです。

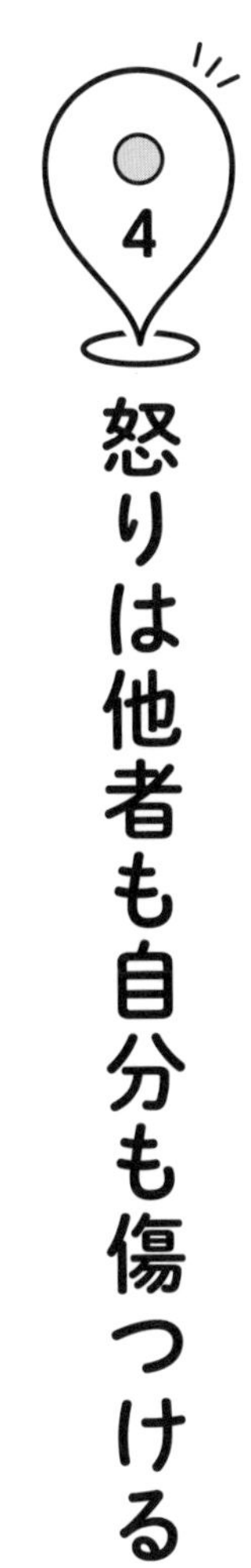

怒りは他者も自分も傷つける

「怒りは管理すべきもの」というとらえ方を外す

怒りは、管理すべきものでも、コントロールすべきものでもありません。

怒りだけでなく、さまざまなネガティブな感情も、そんな感情を抱く自分自身を認めようとしないからこそ、そんな発想に陥ってしまうのではないでしょうか。

そこで、**いったん、「怒りの感情は管理すべきもの。コントロールすべきもの」というとらえ方を外してみましょう。**そうしたら見え方が変わってくるはずです。

どうして怒りが湧いてくるのか。

自分中心的なとらえ方をするならば、それは、

- 自分が自分を大事にしていないから
- 自分を愛していないから

です。つまり、自分を愛していないから、暴力的な怒りが湧いてくるのです。

そんな**暴力的な怒りは他者に向かっていても、自分自身も傷つけています。なぜなら、その怒りが大きければ大きいほど、同等に、自分を愛していないことになるから**です。

たとえば、職場で上司が、女性の部下に向かって、

「暑いねえ」

と、声をかけたとしましょう。

彼女は、パソコンに向かいながら、「そうですか」とそっけなく答えました。

その答え方にカッとなった上司は、

「気が利かないなあ。すぐに席を立って、クーラーの温度を下げるぐらいしたら、どうなんだ」

と、嫌味を言ってしまいました。

自分中心的なとらえ方をすれば、上司が「カッとなった」のは、自分を大事にしていないという無意識からのメッセージだととらえます。

「えっ？　ちょっと待ってください。上司が、自分を大事にしていないんですか」と尋ねたくなるでしょう。

「最初に怒らせたのは、部下のほうですよね」

と言いたくなるかもしれませんが、そうでもありません。

ここで重要なのは、部下がそっけない態度を取っただけで上司がカッとなるとしたら、上司は、これを「自分の問題」とすべきだということです。

それは、部下が上司を「カッとさせた」というだけでなく、上司自身に、それ以外の理由があるはずだからです。

前記したように、怒りという感情から生まれる言動は他者も自身も傷つけます。上司も傷つくでしょうが、部下も傷つきます。

ネガティブな感情でのやりとりは、仮にそのやりとりでどちらかが勝ったとしても、双方がそれぞれ傷つくことには変わりありません。

問題なのは、部下のそっけない態度に、上司も「嫌味で返す」ように、どうして自分も傷つけてしまうような言動を取ってしまうのか、この点が「自分を大事にしていない」ということなのです。

自分の言動が自分を傷つける

この場面で、どうして部下は、上司にそっけない態度を取ったのでしょうか。

それを分析するだけで、「二人の関係」が推測できます。

この場面では、確かに上司が、部下にそっけない態度を取られて傷ついていま す。しかし、他の場面では、どうでしょうか。上司がすぐに嫌味を言ってしまったように、ふだんから部下は上司の言動に対して快く思っていなかったのかもしれません。

そうだとしたら、上司は、日頃から、不適切な言動で部下を傷つけてしまっているかもしれません。

部下にそっけない態度を取られれば傷つきますが、「傷つけられるような言動」

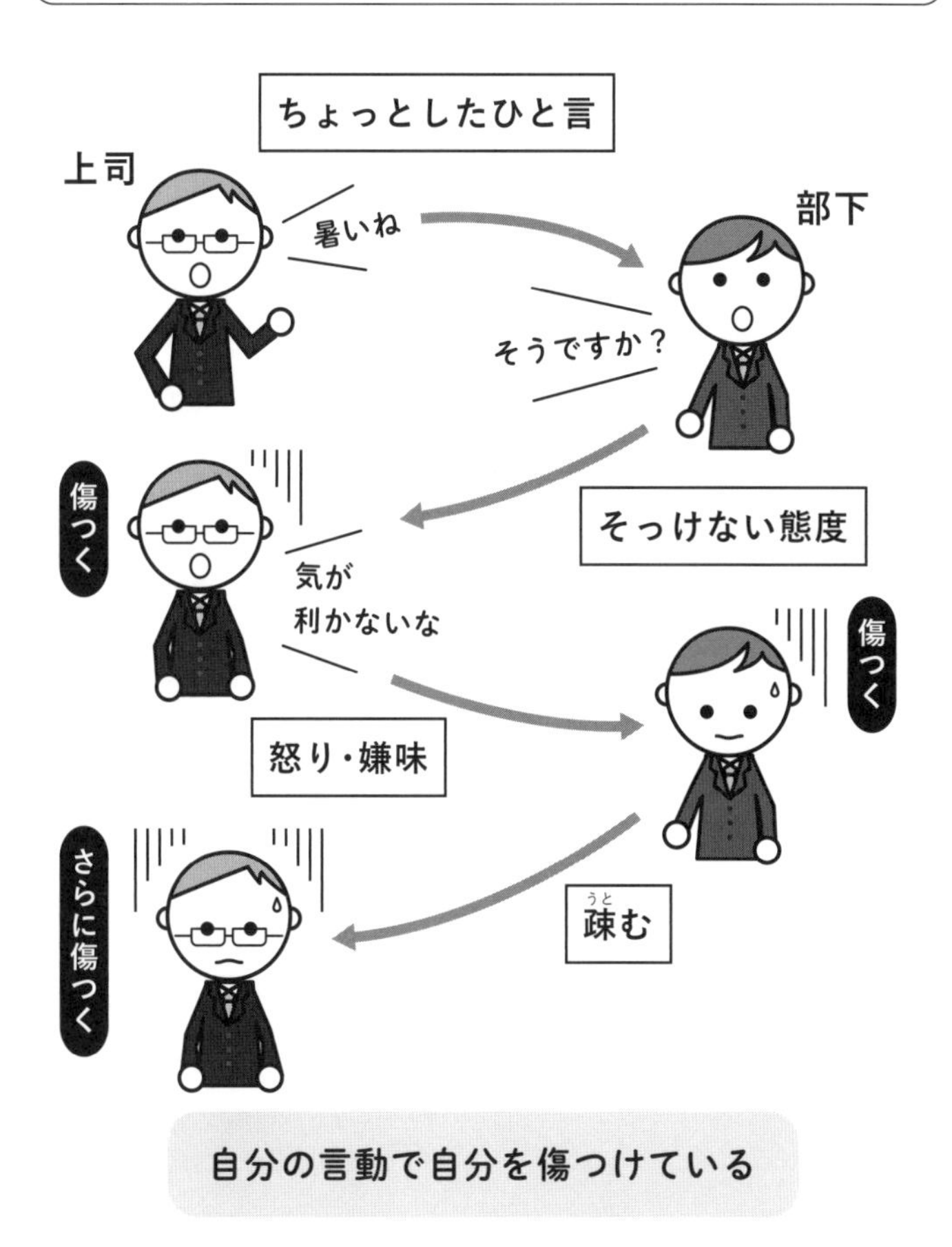
怒りは自分も他人も傷つける
ちょっとしたひと言
上司
部下
暑いね
そうですか？
傷つく
そっけない態度
気が
利かないな
傷つく
怒り・嫌味
さらに傷つく
疎（うと）む
自分の言動で自分を傷つけている

を取っていたのは、上司だという見方もできます。しかも傷ついたからといって、さらに嫌味を言えば、部下はいっそう上司を疎むという悪循環の中に入っていくでしょう。こうなってしまえば、上司はいっそう傷つくというふうに、結局は、自分の言動が自分を傷つけている、ということになるのです。

このとき上司が、もっと自分中心になって「どうして、嫌味を言ってしまうのだろう」と自分を振り返れば、自分が部下に対して行っているような言動を、自分も誰かにされていると気づくでしょう。

たとえば、それは自分の母親かもしれません。

上司が「暑いねえ」の一言で、部下にその意味を察するように要求してしまったのは、母親が自分に対して、

「私の一言で万事を察して、私の気に入るように、行動しなさい」

と言ってきたのと同じだと思い当たるかもしれません。

- 自分が母親から、一言で万事を察するように言われてきた
- 自分も部下に対して、同じことをしている

上司がこのことに気づけば、部下に嫌味を言ってしまうことを、「自分の問題」としてとらえられるでしょう。

たとえば、それが自分と母親との関係に起因しているならば、母親に対して「母親の一言を察して行動するのをやめる」を目標にすることができます。

これが少しできるだけでも、上司は「自分を大事にした」ことになります。

そうすることで、母親との関係が悪くなるかもしれないと案ずることはありません。なぜなら、こんな形で子どもを支配しようとする母親は、気を利かして行動してもしなくても、たいして変わらないからです。なぜなら、母親は、どんな結果になったとしても、おそらく「ありがとう」と感謝することはないと思われるからです。

それよりも、上司が母親とのネガティブなやりとりのパターンをやめることで、母親自身が、自分のやり方では通用しないと気づくきっかけになるとしたら、母親自身にとっても、それは好ましい選択だと言えるでしょう。

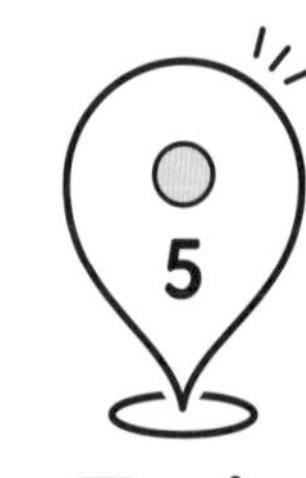

怒りを無理やりねじ伏せるのは暴力と同じ

■なかなか怒りが消えない原因は子どものころに傷ついたから？

なかなか怒りが消えないと訴える人が少なくありません。

「いまの社会は、怒りと悪意に満ちていて、次から次へと、凶悪な犯罪が報道されて暗澹（あんたん）とした気持ちになります。誰もがやり場のない怒りを抱えていて、怒りが怒りを生むというような社会です。

こんな怒りをどうやったら、鎮めることができるのでしょうか」

争いたくないと思っていても、攻撃されて傷つけば怒りが湧いてきて、仕返ししたいと思うでしょう。一つのことで、何日も、沸々とした思いを抱えてしまうこともあるでしょう。いま、過去に起こったさまざまな出来事を思い出せば、遠い昔のことであっても、腹が立ってくるに違いありません。

こんな社会現象も、個々の立場からすると、たくさんの人たちが自分を非常に乱暴に扱っているからと言えるでしょう。

どうして、自分に対して乱暴な扱いをしてしまうのでしょうか。

それは、子どものころから、乱暴に扱われてきたことが主因となっています。

たとえば、ごく一般的な家庭で起こっている一例として、子ども時代に、「自分がどんなにがんばっても、親から乱暴に否定されたり拒否されたりした」としましょう。

そのたびに傷ついて、口惜しい思いをしたり、腹を立てたりするでしょう。あるいは「どんなに努力してもダメだ」と自分を責めたり、卑屈になったり、自信をなくしたりするかもしれません。

そんな経験が繰り返されれば、それが当たり前の感覚にもなり、次第に、自分が傷ついているということすら感じない大人になっているかもしれません。

しかも実際には、そんな感情を抱きながらも、渋々、従っているのではないでしょうか。

●感情をコントロールするよりも「原因・理由」を突き止める

こうなると、すでに「他者中心」に陥ってしまっているので、他者や周囲のネガティブなところばかりを拾うようになり、絶えず腹を立てているに違いありません。

もしあなたが、**自分では原因のわからない怒りを抱かないではいられないとしたら、それは、過去において、あるいは〝いま〟も、気づかずに、たくさん傷ついているから**です。

そんなつもりつもった怒りの感情を管理したりコントロールしたりしようとしても、耐えきれるものではありません。逆に、そうやって自分の怒りを無理矢理ねじ伏せ、黙らせようとする行為は、自分に対する暴力というほかありません。

それは、自分の心を〝まったく無視している〟という暴力行為そのものです。

自分に対して暴力を振るっていれば、怒りから解放されるわけがありません。

なぜなら、**怒りという感情が起こるのは、「自分が自分を大事にしていない。**

自分を愛していない」原因や理由がどこかに潜んでいるからです。

そういう意味で、怒りという感情は「自分の無意識からのメッセージ」だと言えるでしょう。

もちろん怒りだけではありません。それが**ポジティブな感情であれネガティブな感情であれ、どんな感情も「自分を愛するためのメッセージ」**ととらえることができます。

だからこそ、ネガティブな感情が起こったときには、それを抑えたり無視したりしないで、その時々の自分の感情と向き合って、その原因や理由を突き止め、その問題を解決するために「具体的な方法」を知る必要があるのです。

しかも、その方法を知って自分の感情を解消していく行動が、同時に「自分を愛するためのプロセス」ともなります。

怒りは、

「自分が自分を大事にしていない。自分を愛してない」

という無意識からのメッセージ

——怒りが生まれるのは、自分を暴力的に傷つけているからです。

第2章

「我慢」を味方にすれば「ストレス」がなくなる

我慢してイライラする人たち

怒りっぽい人たちもじつは我慢している!?

みんなの意見と違う発言をしたというだけで、やり玉に挙げたり、人と違った行動をしたというだけで集中攻撃したり、暴力的行為をしたりといったふうに、社会全体がネガティブな空気を漂わせています。

道を歩いているときや混雑した駅の構内などで、行き交う人たちがぶつかりそうになっただけで、一悶着起こることもよくあります。お店では質問をしただけで、マニュアルから外れたことだからなのか、苦情を言われているかのように萎縮したり、逆に不快な表情をしたりするスタッフも少なくありません。

こうなってしまうのは、一言で言うなら多くの人が「我慢している」からです。

我慢しているのは、弱い立場の人たちだけではありません。支配的な人、攻撃的な人、すぐ腹を立てるといった怒りっぽい人たちも、同様です。

自分のことは棚に上げて、文句ばっかり言う。黙って従わないと、すぐ感情的になる。言いたい放題、やりたい放題で他人の迷惑は顧みない。いつも一方的に強制してくる。自分に都合が悪いと返事すらしない。明らかに自分が悪くても、決して謝罪しようとしない。こんな人たちが、あなたの周りにもいることでしょう。

そんな彼らも、自分が「我慢している」という認識を抱いています。

そのために、そんな人たちの大半が、

「(私は我慢してやっているのに) お前が怒らせるんだ」

と主張します。

「あなたたちのために我慢してやっているのよ」

という言い方も常套句となっています。

しかも周囲の目には、

「あんなにわがままで、強引で、人の話にはまったく耳を貸そうとしない、あんな人たちも、我慢していると言うんですか」

と言いたくなってしまう人たちでさえも、自分だけ我慢させられている。なかなか本音が言えない。不満でも相手に従ってしまう。頼まれると、どうしても断れない、などと考えて我慢しているのです。

イライラするのは「我慢」のせい

もともと日本社会は、我慢の文化だと言ってもいいでしょう。

私たちは家でも学校でも、あらゆる場面で「我慢する」を当たり前のこととして、

「我慢しなければ、人とうまくやっていけない」

「我慢しなければ、社会人として失格だ」

「これぐらい我慢できなければ、みっともない」

「我慢して働けば、老後に幸せになれる」

などと、言われて育ってきているのではないでしょうか。

昨今では、

「（我慢して）他者に合わせなければならない」

「（我慢して）社会に適応しなければならない」

「（我慢して）社会のルールから外れてはならない」

「嫌なことがあっても（我慢して）社会の秩序を乱してはならない」

学校教育でも、

「みんな仲良くしなければならない」

「助け合わなければならない」

「勉強に励まなければならない」

「みんなに迷惑をかけてはならない」

こんな標語を掲げられて、最初から無条件に従わされます。


では、もしあなたが、そうやって我慢して生きているとしたら、いま、どんな

みんな我慢している

我慢ばかりして生きていませんか？

生活を送っているのでしょうか。

毎日、充実感をもって暮らしているでしょうか。未来に希望を抱いて生きているでしょうか。一日を、いきいきとした気分で過ごしているでしょうか。

それとも、毎日、「我慢しなければならない」ことをたくさん抱えていて、イライラしたり焦ったりしていないでしょうか。

「仕事だから無理をする」のは当然？

我慢する癖がつくと「自分の気持ち」を表現できなくなる

たとえば、「我慢しなければならない」と強く思い込んでいる子どもが、幼稚園でお勉強中にトイレに行きたくなったとしましょう。けれども、子どもは我慢しなければならないと思っています。我慢していれば緊張するので、いっそう、我慢できない気分になっています。それでも、言えません。

「我慢しなければならない」と思ってしまうと、「トイレに行きたい」ということすら、先生に言えません。それはいけないことだと思っているからです。

また、ふだんから我慢する癖がついてしまうと、トイレに行きたいことを、どう伝えればいいかもわかりません。自分の気持ちを表現する方法を、家庭で学ぶチャンスが乏しいからです。我慢している人たちは、ほとんど、そうだと言えるでしょう。言葉で伝えることを、恥じたり恐れたりしてとまどうのです。

だから、最後まで我慢しようとします。

その間、意識は尿意のほうに集中しているので、学習するどころではありません。

それで最後まで我慢できればいいのですが、とうとう我慢できなくなって、漏らしてしまう可能性も高くなるでしょう。

トイレに行けずに漏らしてしまったらどうなるでしょうか。

漏らしてしまったら漏らしたで、周囲の反応によっては、傷つくことになるでしょう。我慢できずに恥をさらしたと、子ども心に自分の不明さを恥じるかもしれません。

また、周囲の先生や子どもたちも、「我慢するのが当然」という発想であれば、漏らした子どもを好意的に見るのはむずかしいかもしれません。

決してこれは、子どものころだけの話ではありません。

●「台風でも会社を休んではいけない」という思い込み

これは幼稚園児の話ではありません。

あなた自身の話です。

仮にこんなお漏らし体験がなかったとしても、我慢してがんばらなければならないと思い込んでいたら、仕事をしているときでも、風邪を引いていても熱を出していても、会社に行こうとするでしょう。

今日ぐらい休もうと思ったとしても、

「いま会社が非常に忙しいから」

「自分に替わる人がいないから」

「他の人に迷惑をかけてしまうから」

といった理由で、

「休んでしまうと、サボっていると思われてしまうのではないだろうか」

「誰かに任せると、自分の仕事ぶりが遅いとバレてしまって、能力がないと思われるのではないだろうか」

「人に迷惑をかけてしまうと、嫌われるのではないだろうか」
「休んだことで、誰かに文句を言われるんじゃないだろうか」
「我慢しなければならない」
こんなふうに発想してしまうでしょう。

都心では、台風に直撃されると、電車や飛行機が止まります。復旧にどれだけの時間がかかるかわかりません。通勤者たちは、その時間を待って延々と列をつくります。

会社からは「自主判断」と言われたりしますが、会社への忠誠心を判定されるかもしれないと考えると、かえって、「何が何でも、出社しなければ」という気持ちになります。

台風の日でさえこんな気持ちになるのだとしたら、それは誰もが、いかにふだんから「仕事なんだから、無理をするのは当然だ」と思い込んでいるのかという証左だと言えるでしょう。

でも、本当に、仕事はそうあるべきなのでしょうか。

ではここで、もしあなたが「自分中心の経営者」だったとしたら、どうでしょうか。

●ポジティブな意識が生産性を上げる

たとえば社員が、「いま会社が非常に忙しいから、自分に替わる人がいないから。他の人に迷惑をかけてしまうから」、休めないという状況をどう思いますか。

社員の一人が欠けてしまうと、会社の業務が回らなくなってしまうような経営をするでしょうか。

「景気が悪くて売り上げが伸びないんだから、少ない人数で四苦八苦してるんだよ」

もちろん、理解できます。実際、そんな会社はたくさんあるでしょう。

それでも、もし、社員が一人欠けても互いに補い合えて、業務に支障をきたさないでいられる会社であれば、社員自身も、もっと心に余裕をもって働くことができるでしょう。

- もう一人人員を増やすことで、社員同士が融通し合って、ポジティブな意識で働くことができる
- 人員を増やす余裕なんてない。社内は忙しすぎてカリカリしている雰囲気だが、何とか我慢して乗り切るしかない

結果として、どちらの体制のほうが、生産性が上がると思いますか？

とりわけ、意識という点では、社内の雰囲気がポジティブなのかネガティブなのかで、大きく差が出てきます。

ポジティブな意識であれば、ポジティブなものを選択していきます。

ネガティブな意識であれば、ネガティブなものを選択していきます。

社員の一人一人がポジティブであれば、ポジティブな選択をしていきます。

社員の一人一人がネガティブであれば、ネガティブな選択をしていきます。とりわけ我慢しながら働いていれば、不平不満で一杯になるでしょう。

どういう結果になるかは、いまの社会を見回せば、想像できるのではないで

しょうか。

日本には一億二〇〇〇万人いるので、その悪影響が形になるまでに年月がかかるでしょう。けれども、小さな組織や会社であれば、その弊害は、瞬く間に現れてくるでしょう。

どんなに業績を伸ばそうとしても、そこに従事する人たちの意識がネガティブであれば、足の引っ張り合いや争いが起こって、さまざまな問題が噴出するでしょう。

反対に、会社に従事する人たちの意識がポジティブであれば、協力し合ったり助け合ったりできるので、仮に生産性や業績が低調であったとしても、次第に回復していくでしょう。

時間が経てば経つほど、その違いは歴然としてくるに違いありません。

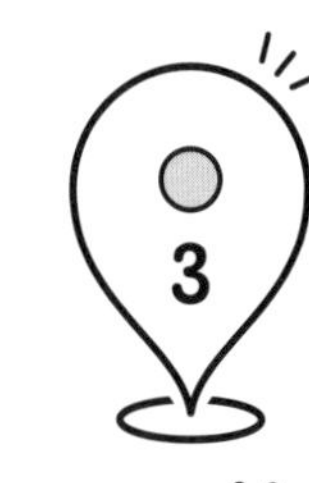

物事を「我慢」からスタートしないほうがいい理由

我慢は自分の心を「無視」する行為

いまや大半の人たちが、働くことに関して、「働き〝たい〟」という欲求からではなく、責務として「働かなければならない」と思っています。

一家の主婦ともなれば、どんなに体調が悪くて朝起きるのがつらいと感じても、子どものため夫のために我慢して、朝食をこしらえたり、出かける準備を整えてあげたりするでしょう。

専業主婦であれば時間的余裕もあるでしょうが、仕事をしていたら、そうはいきません。ましてや、幼い子どもを抱えていたら、保育所に連れて行ったりしなければなりません。

子どもが朝、食事をしようとしなかったり、ちょっとでもぐずったりすれば、やるべきことがすぐに滞ってしまいます。親は、イライラしたり急かせたりしながら、何としてでも保育所に行ってもらわなければ困ります。

こんなふうにして子どもは泣こうが叫ぼうが、早ければゼロ歳から、我慢することを覚えさせられます。

我慢するというのは、「自分の心を無視する」ことです。

「でも、いまの社会では、子どもを預けてでも働かないと、経済的に無理なんです」

こんな思いも聞きます。

「子どもべったりだと、疲れてしまって、イライラしてしまって、イライラを子どもにぶつけたくなってしまいます」

あるいは、

「私も、社会の一員として、何かをしていないと、置いてきぼりにされたように感じて、焦ってしまうのです」

といった声も聞きます。

●我慢し続けると「自分の本当の気持ち」が見えなくなる

いまの社会は決して健全だとは言えません。

「我慢する。黙って従う」が優先される社会であれば、人の心を無視することになるので、必然的に不平不満や憤懣（ふんまん）がエスカレートしていくのは、当然のことでしょう。

社会のあり方そのものが、根本から間違っていると言えるでしょう。

物事を「我慢しなければならない」からスタートすれば、「黙って従うこと」が優先されて、

- この場所では、○○をしてはいけない
- ここでは、○○をしなければならない
- ○○をするには、○○をしなければならない

といったふうに禁止や義務や条例や罰則ばかり増えて、周囲は規則だらけで、歩くのにも違反していないかと気をつかうと言いたくなるほど、どんどん身動き

できない社会となっていくでしょう。

仮に社会がそうであっても、「社会がそうだから、自分もそれに合わせなければならない。従わなければならない」という発想をすれば、ますます、自分の首をしめていくことになるでしょう。

それだけではありません。

毎日、まるでノルマを課せられたような生活を送っていれば、自分の心を思いやる暇がありません。

疲れていても、体調がすぐれなくても、心がつらいと感じているとしても、悲しくてもやる気が出なくても、我慢してノルマを果たさなければなりません。

しかしそうやって**我慢していれば、他者や外側のことは気になっても、肝心の自分の気持ちは次第に見えなくなっていく**でしょう。

そうであっても、自分が感じているネガティブな感情が消えてなくなるわけではありません。無意識のところではしっかりと感じていて、それが解消されなければ、蓄積されていきます。そのために、絶えずイライラしたり、腹が立ったりしています。人によっては、それが癖になってしまって、いつも態度や表情が怒っているように見える人も少なくありません。

それは、強引な人、一方的な人、身勝手に見える人たちでも、心の中は同じです。

たとえば他者中心の社長が、

「給料に見合った仕事をしていないじゃないか。どうしてこんな奴に給料を払わなければならないんだ」

「文句を言う暇があったら、さっさと仕事をしたらどうなんだ」

こんなふうに思っていると見えているとしたら、社長も、自分の社員のために「我慢している」気分になっているでしょう。

他者中心になると、どうしても物事を損得で見てしまいます。

我慢というのは言わば〝苦痛〟です。

苦痛を感じながら黙って従っていれば、「仕事をしてよかった」という気持ちにはなりません。

「あの人は、私には、めんどうくさい仕事ばかりを押しつけてくる」

「損する仕事は、全部、私にやらせようとする」

「古株というだけで、命令してくる」

などと、社員は社員で「やらされている。押しつけられている。強制されている」感で不平不満を抱いているでしょう。

「我慢する」のは「他者中心」の象徴的な行動

自分中心心理学では、「我慢する」は非常に重要なキーワードです。

たとえば、「私はこれをしたい」あるいは「したくない」という自分の気持ちに気づいたとしましょう。

それでもすぐに「それをしてはならない」あるいは「それをしなければならない」と、自分の気持ちを打ち消したとたん、意識は外側に向きます。あるいは考えるよりも速く「黙って従う」モードになった瞬間、意識が外側に向かいます。

自分の意識が「自分から外側」へ向かえば、自分の気持ちや欲求を叶えて心を満たそうとするよりも、自動的に「我慢して従おう」となってしまいます。

自分中心から他者中心に変換するその間に、「我慢」という意識を象徴的に置

「我慢」は重要なキーワード

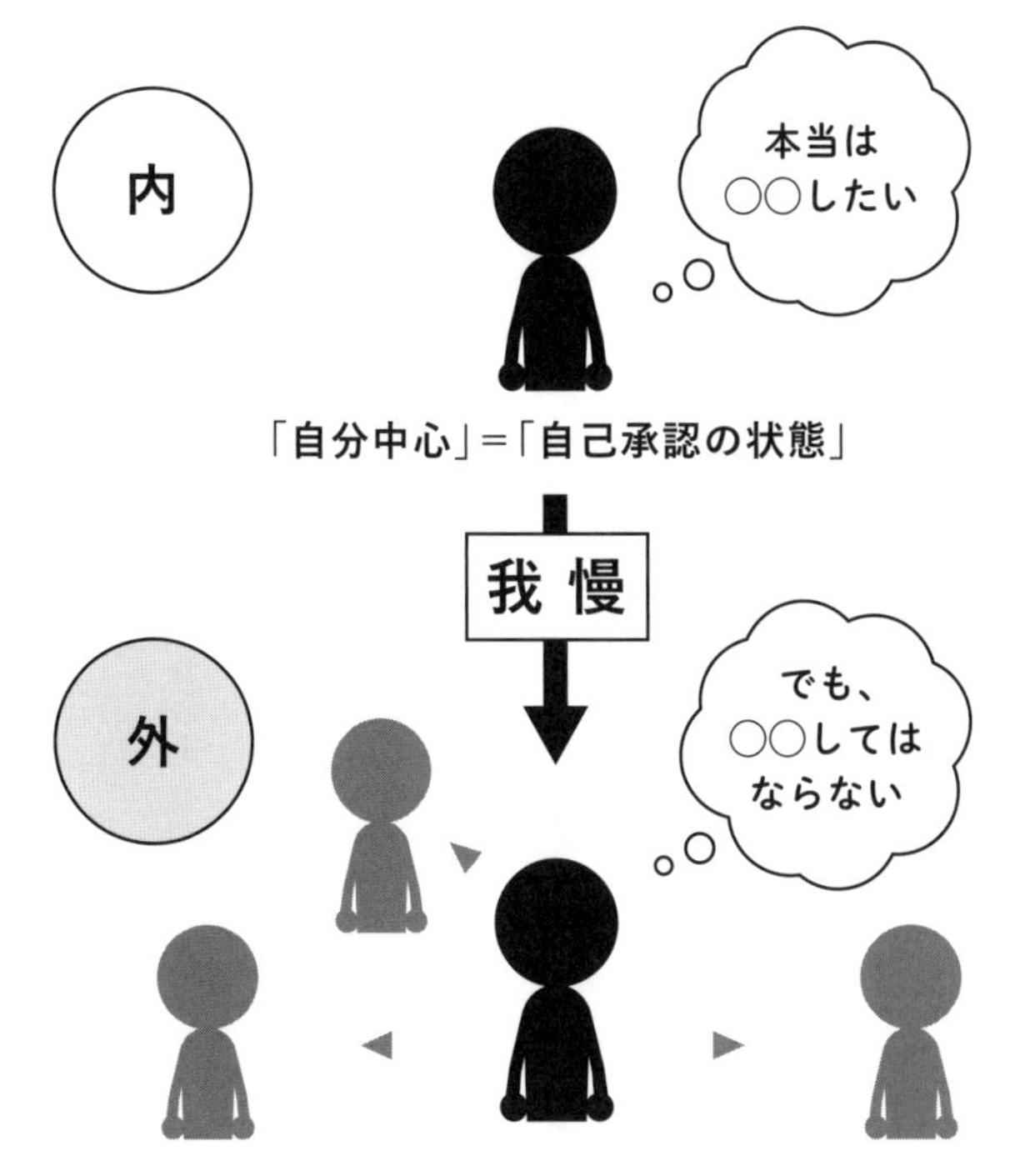

「他人中心」=「他者承認を求める状態」

我慢すると、内から外に意識が向く

くのは、こういった理由からです。

もちろん、我慢しながら他者中心になれば、自分で自分を認めようとする「自己承認」よりも、周囲や他者に認めてもらえるまで、必然的に、「我慢して、自分を抑えてがんばらなければならない」といった「他者承認」にとらわれていくしかありません。

自分が自分で自分の価値を決めるのではなく、他者から自分の価値を計ってもらって初めて、自分の価値を認められて安心するという状態になったり、他者に認められなければ不安でしかたがないという状態になったりしていくでしょう。

圧倒的多数の人たちが、こんな「他者承認」の状態に陥っています。

そうなってしまうと、もはや自分の心は疎かになり、やがては、自分が〝いま〟どんな気持ちでいるのかすら気づかなくなってしまうでしょう。

もっとも、我慢するのが当たり前になっていれば、仮に我慢しているという自覚はあったとしても、その苦痛に耐えようとするでしょう。

その結果どうなるでしょうか。

心理的には、

「あの人は○○していないのに、どうして私はしなくちゃならないのよ」などと、人が自分と違ったことをしていると、許せなくなるでしょうし、腹も立ちます。

自分が一般常識にとらわれていれば、自分の目からは「常識外れの人」に対して、不満や怒りを覚えるでしょう。

もしかしたら、そうやって常識外れの行動をして顰蹙(ひんしゅく)を買ったりする人も、同様に、我慢の限界に達してしまった人なのかもしれません。

●「私はどうしたいか」を自分に問う

そんなネガティブな他者中心の意識は、解消できないまま心の底に蓄えられるので、それを自覚していてもしていなくても、それを一気にぶちまけたい衝動に駆られていくでしょう。

ですから、ネット上で誹謗中傷を繰り返したり、特定の人を叩いて炎上したりすることが増えているのは、自分のさまざまな感情を解消できない人たちが増えているということでもあるのです。

一般的には「我慢強いこと」は、すばらしいこととして評価されています。

けれども、本当にそうでしょうか？

我慢強いということは、打たれ強いということでもあります。

むしろ、そんな状態は「自分を傷つけている」と言えるのではないでしょうか。

我慢するというのは、「自分の思いや心に沿っていない状態」ということです。

絶えず我慢していれば、絶えず自分の心を無視したり、裏切ったりしているということになります。

絶えず我慢して自分を傷つけているから、いきなり感情的になったり、怒鳴ったり、冷静さを失い攻撃的になったりするのです。

けれどもこんな我慢も、自分中心的なとらえ方をするならば、**我慢は、「自分の思いや心に沿っていない」という、自分のための情報**としてとらえられます。

我慢を情報としてとらえれば、**我慢は、自分が自分を粗末に扱っているという無意識からのメッセージ**であると言えます。

ですから**自分が「我慢している」ことに気づいたら、そのまま我慢するのでは**

なく、自分の心に立ち戻り、

「私は、本当は、どう〝したい〟んだろう」

と、自分に問うてみることです。

●「自分の本当の気持ち」に気づいたら行動の道筋が見える

まとめると、こんな手順です。

自分を傷つけるより、「自分の意に沿った選択」をしようと決めることです。

我慢しないためには、
まず、自分が我慢しようとしている瞬間に気づくことです。

自分の我慢に気づいたら、そのとき、

「私は、本当は、どうしたいんだろう」

と自分に問うことです。

この瞬間、他者中心から自分中心に戻ることができます。そして、

「自分が自分のために、我慢せずにすむためには、どうしたらいいのだろう」

と発想します。

たとえばそれは、我慢しないために、「頼まれたことを断る」ことかもしれません。

そのとき、

「私は、断るのが怖いので、我慢して引き受けていたのだ」

と気づくかもしれません。

そういう場合は、自分が「断るのが怖い」ということに気づくだけでもいいのです。

「断るのが怖い」という気づきがあれば、これからどうすればいいかの道筋が見えてきます。この場合は、「断るのが怖い」と気づけば、

「じゃあ、これからは、怖いけれども、断ることを目標にしよう」

となっていくでしょう。

我慢強い人たちや感情的になりやすい人たちは、感情的になったり、争ったり、関係のない相手に感情をぶつけたりすることはあっても、相手と「争わずに向き

合う」経験が非常に乏しい人たちです。

そのために、相手とおだやかに、向き合うことができません。相手と冷静に話し合うことができません。それは、彼らにとっては最も怖いことなのです。

犬が威嚇して吠えるのは、怖いからです。

弱い犬ほど、よく吠えると言います。

そんな犬がまったく威嚇できなかったら、丸ごと自分の恐怖を自覚するでしょう。

それは威嚇する以上に怖いことです。

ですから、まずは、我慢している自分に気づいたとき、

「私は、本当は、どうしたいんだろう」

と問うてみて、自分の心の気持ちや欲求に耳を傾ける。これだけでも、自分を愛したことになるのです。

我慢は、「自分を粗末に扱っている」

という無意識からのメッセージ

――我慢は自分を傷つけています。

「私はどうしたいか」を自分に問うことです。

第3章

「競争心」を味方にすれば「成果」が出る

相手と自分を比べてしまう

強すぎる競争心はネガティブな感情を生む

相手と張り合って勝ちたいという競争心が強ければ強いほど、相手や周囲のことが気になるので、競争心はますますエスカレートします。

そのとき、自分より相手のほうが優れていると認識した瞬間、嫉妬心が生まれます。

その中には負けたくない気持ちと同時に〝負けた〟という気持ちも共存しています。

もちろん、そんな嫉妬心は誰にでもあるもので、決してそんな感情をもってはいけないというわけでありません。

嫉妬心が芽生えても、ポジティブな気持ちがあれば、人のよい点や長所を認めてそれを素直に評価できるでしょう。嫉妬心を生かして、その感情を肯定的に用いれば、自分を引き上げる原動力とすることができます。切磋琢磨し合うことで、ともに成長することができるでしょう。

こんな他者中心であればいいのですが、競争心が強いと、絶えず相手と自分を比較してしまいがちです。とりわけ我慢強いと、第2章で言ったように、自分の意識はいっそう他者に向かいます。

他者中心であればあるほど相手にとらわれて、自分が優っている状態であれば、優越感を覚えたり、上から目線で見たり、馬鹿にするような態度を取って、いっそう争いの火種をまき散らすことになるでしょう。

逆に負けたと思えば、その瞬間、くやしくなるでしょう。その対抗心から、ひがんだり嫉妬したりするでしょう。

これが、嫉妬心の正体です。

このとき相手のほうが、自分より不当に優遇されている、不公平だといった思いが湧けば、複雑な思いに駆られるでしょう。

また、嫉妬心を抱きながらも、その「負けた」という意識が、劣等感につながっていくでしょう。

しかもそうやって、**相手と自分を比較していると、相手の言動が気になってしまうため、さらにネガティブな気持ちが増えていく**でしょう。

ネガティブな気持ちで相手を意識していれば、心の中で、相手を否定したり責めたり攻撃したりしてしまいます。

こんなとき、自分の思いが正当かどうかは、関係ありません。**自分自身が、そうやって心の中で相手をネガティブな気持ちで意識していることそのものが、「我慢」となります。**嫉妬も憎しみも恨みもそうです。我慢している状態であるために、それだけで、ネガティブな感情が生まれます。

そうやって次々に生産されていくネガティブな感情を解消することができなければ、「怒り」となっていっそう攻撃的な気持ちになっていくでしょう。

もちろん、そんな攻撃的な気持ちを誰かにぶつければ、争いになるでしょう。

争いは、どんな状態であれ、恐怖を生み出します。仮に争って勝ったとしても、恐怖を抱くことに変わりはありません。

だから、争いたい気持ちを抑えようとします。

しかしそんな我慢は、ネガティブな感情をさらに増大させるばかりとなるでしょう。

かといって、実際に相手と争えば、恐怖がさらに恐怖を生みます。

こんな悪循環に陥ってしまうように、「我慢と怒りと恐怖」はセットになっています。

我慢するというのは、絶えず、自分の中に、怒りと恐怖を生産しているようなものなのです。

「気に入らないからやめさせたい」は支配的な発想

ある女性から、こんな質問を受けました。

「お互いに、相手の自由を認め合うべきだというのはわかります。でも、夫がそうすることを私が〝不快〟であっても、夫に、『それをやめて』と言えないものなんでしょうか」

簡単にまとめると、こんな内容です。

夫婦に限ったことではありません。親子関係でも職場関係でも友人関係でも、「相手が、自分の気に入らないことをするのは、許せない。やめさせるには、どうしたらいいでしょうか」

といった質問をよく受けます。

まず、相手の言動を、自分が気に入らないからといって、それをやめさせたいと思うことそのものが、支配的な発想です。お互いに気に入らないことがあったとしても、それを強制してやめさせることはできません。むしろ、そんな発想になってしまうとしたら、最初から、感情的に争っている状態だと言えるでしょう。

この夫婦のケースで言うと、どうして夫は妻の嫌がることをしてしまうのでしょうか。

明らかに妻が嫌がるとわかっていることを夫がやり続けるとしたら、夫にはすでに、妻に対して仕返し的な気持ちが働いていると言えるのではないでしょうか。

もちろん、そうやって相手が「(自分にとって)不快な言動を取る」としたら、二人はすでに、「話し合いにならない」関係になっているということを意味します。あるいは一方かまたは双方がともに、自分自身が勝手に「話し合えない」と思い込んでいるのかもしれません。

二人がそんな敵対関係であれば、妻が「やめてよ」と言えば言うほど、夫はやめるわけにはいかなくなります。なぜなら、妻の言うことに黙って従えば、夫は、敵の軍門に降(くだ)ることになるからです。

そもそも夫は、「妻の嫌がることをする」という方法で抵抗しているのですから、やめるわけがありません。

むしろ、妻が嫌がることをやめないことが、無言の〝仕返し〟にもなるからです。

このとき、夫が自覚してやっているのか、無自覚にやっているのかは、問題ではありません。「意識」という世界からとらえて解釈すると、本人が、意識していなくても、「やっている行動」のほうを事実だとみなすからです。

むしろ、気づかず無意識に〝仕返し〟できたほうが、罪悪感を抱かないですむというメリットがあります。

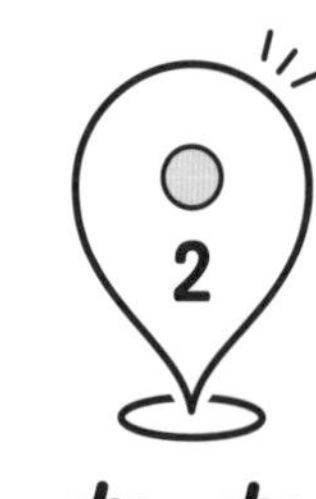

なぜ「対立」し、「仕返し合戦」になってしまうのか？

「相手の自由」を認め合っていない

では、どうして、そんな方法で仕返しをしてしまうのでしょうか。

それは、我慢している、からです。

もちろんこれは、お互い様ですから、互いに「相手の自由を認め合っていない関係」ということができるでしょう。

ですから、「夫が妻の嫌がることをする」というのは、Aという一つの事柄だけではありません。夫のすることを妻が反対するということもあるのですが、妻が反対するからあえてそれを「する」というふうに、さまざまな場面で対立しているでしょう。

もっともそれは夫だけでなく、夫から見れば、妻も「夫の気に入らないこと」をしています。

こんな仕返し合戦も、本をただせば、お互いに「相手の自由」を認めずに、我慢し合っているからではないでしょうか。

たとえば家庭でも職場でも、

「私は一生懸命やっているのだから、あの人がサボるのは許せない」

「私は派遣なのに、正社員のように仕事を押しつけられるのは、我慢ならない」

「我慢して家事をやってるんだから、あなたがくつろぐのは癪に障る」

「我慢して働いているんだから、家族に小言を言われると、イライラする」

「我慢して節約してるんだから、家族が無駄遣いすると、腹が立つ」

こんなふうに、我慢が争いの種を蒔いています。

●「認め合い」がなければ、「話し合い」もできない

お互いに、相手との関係が健全であったなら、少なくとも「話し合う」ことが

できるでしょう。

しかし反目し合っていれば、仮に話し合うことになったとしても、互いに「自分の主張を通す」ことが目的となってしまうので、結局、争い合うことになるでしょう。表面的には話し合うという体裁をとっていても、「争い合う」ことが目標になっていれば、仮に自分の主張を押し通したとしても、満足できないでしょう。


自分の視点から見ると、それぞれに「自分が正しい」ように映ります。けれども争い合うことが目標になっていれば、そんな正しさなんて関係ありません。自分が正しい正しくないは、関係がありません。争って相手を打ち負かすために、言葉は便宜的に利用しているだけです。

だから、理由はいりません。公正であることもありません。筋が通っている必要もありません。

論旨の正否ではなく、相手が自分に反対すること、従わないこと、拒否したり拒絶したりすることが、許せないのです。

それはまるで犬と猫の喧嘩のようなものです。

「ワン、ワン、ワン」

「ニャン、ニャン、ニャン！」

「ワン、ワン、ワン！」

「ニャン、ニャン！　ニャン！」

「ワワン！　ワワン！　ワワン！」

「ニャン!!　ニャン!!　ニャン!!」

「ワワン！！！　ワワン！！！　ワワン！！！　ワワン！！！」


こんなふうに、相手のネガティブな感情に反応し合って、それをエスカレートさせているだけです。

もちろん争っているわけですから、相手に負けるわけにはいきません。どんなに相手が正しくても、いいえ、むしろ、相手が正しければ正しいほど、認めることはできなくなっていくでしょう。それを認めてしまえば、「自分が負けた」と認めることになるからです。

負けたことを想像すれば、怖くなります。

その瞬間、永遠に、相手には頭が上がらなくなってしまう、そんな恐れを抱くのです。

だから、絶対に負けるわけにはいきません。

もちろん、こんな争いを続けていれば、問題解決するわけがありません。

しかしそうやって争う人たちにとっては、問題が解決するより、最低「譲り合えない」結果になったほうが、負けないですむので好都合なのです。

我慢していると、こんなふうに、感情が抑えられなくなってしまうだけでなく、それを繰り返していると、次第に「争い合う」ことが、目標になってしまうので厄介です。

それがいま、社会に蔓延（まんえん）している「誹謗中傷」や「炎上」や「ヘイト攻撃」や外国に対する「一斉攻撃」という現象にあらわれているように思います。

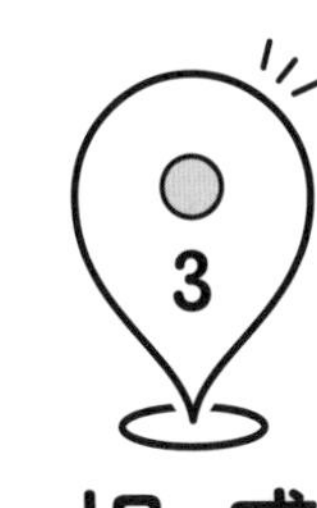

感情的になって相手を「攻撃」してしまうわけ

●「我慢する」とは「行動しない」ということ

「我慢強い」というのは、決して、意志が強いということを意味するわけではありません。確かに忍耐力や、苦境に陥っても耐える力は育つでしょう。

けれども、前記しているように、**我慢することは、同時に「恐怖」を生み出します。**そのために、

- 怖いから、何も主張しない
- 怖いから、怖い相手には黙って従う
- 自ら行動して状況を変えるよりも、その環境に、じっと耐えようとする
- そうだからこそ、孤立することを過剰に恐れるようにもなる

こんなふうに、その**恐れから、自分のいまの環境が不適切だったとしても、ひたすら耐えることで、自分の問題から回避しようとするでしょう。これが我慢強さの正体**です。

もちろんそうであるために、自分の欲求や気持ちや感情を満たすことができません。我慢すればするほど、その時々の憤懣が溜まり、それは怒りや憎しみに容易に転化します。

それでいて、行動ができなければ、自分には「能力がない」と思い込むようになっていくでしょう。

端的に言うと、**我慢するとは、言い換えると「行動しない」ということ**です。相手を心の中で攻撃したからといって、行動力がつくことはありません。自分に対する自信は、実際の行動の中から生まれます。

我慢すること、それ自体が行動力を奪い、自分に無力さをもたらしてしまうのです。

もっとも、行動しようにも、そうやって我慢しながら怒りを燃やしているだけでは、自分の本当の気持ちや欲求や感情に気づきません。気づかなければ、〝自分のために行動する〟ことさえできなくなってしまいます。

そもそもそうやって、「我慢する」というのは、自分の気持ちや欲求や感情を無視するという点で、すでに〝自分自身を傷つけて〟います。

にもかかわらず、「自分が自分を傷つけている」ことにすら気づかないのであれば、どうやって自分をいたわることができるのでしょうか。

そうやって、真の満足感や充足感を得られず、自分の心にわだかまったものを解消できないために、いっそう、怒りや憎しみを相手にぶつけて争いの火をエスカレートさせては、不毛の戦いに挑んでいくのです。

感情的になるメリット

争っている人たちは、自分は「我慢している」つもりであっても、他者や外側の出来事ばかりにとらわれているために、自分の言動に気づいていません。実際には、自分自身も気づかずに、他者をたくさん傷つけています。

感情的になって他者を攻撃してしまうのは、自分が傷ついているから他者を傷つけないではいられない、ということなのですが、そうすればするほど、また、自分自身も傷ついていきます。

にもかかわらず、どうして多くの人たちが、自ら争いをしかけてしまうのでしょうか。

一つは、我慢することはできても、人と穏便に平和的に「話し合うこと」ができないからです。国会答弁の中継などを見ていると、日本人はつくづく、「相手の話を聴く」ことや「話し合うこと」が苦手なのだろうなと慨嘆（がいたん）してしまいます。

本当は、感情的になる前に、おだやかに平和的に話し合えればいいのですが、そんなスキルがなければ、話し合うことができません。

また、すでに我慢しているという状態になっていれば、相手に対して身構えていたり、恐れを抱いていたりします。

実際に感情的になって主張すれば、相手のリアクションはネガティブでしょうし、その後の相手との関係も悪化しやすいために、「傷つく」という体験をたくさんしているに違いありません。

もちろんそうすることで、自分も傷つきますが、相手も傷つけてしまいます。

そんな経験があれば、なおさら我慢しようとするでしょう。

他者中心に陥っていれば、他者に対してネガティブな見方しかできないために、いっそう、我慢ならないことが増えるでしょう。

だから、ついには感情を爆発させてしまう、ということになるのです。

もう一つ。感情的になると、「主張しやすくなる」というメリットがあります。

どういうことかというと、たとえば怒りに駆られて相手にぶつけたとしましょう。

それまでは、争いになって「傷つく」ことを恐れて我慢していました。

けれども、もう我慢の限界です。

怒髪天を衝かんばかりになれば、その勢いゆえに、争いになる恐れも主張する恐れも、一瞬にして掻き消えてしまいます。自分の感情が恐れに勝れば、相手に、我慢していたことをぶつけることができます。

こんなふうに、感情的になると恐れが掻き消えてしまいます。主張することを恐れる人にとっては、「怖さ」が消えてしまうというメリットがあります。

さらには、こんなメリットもあります。

それは、たとえば怒鳴ることで、相手を威嚇して脅すことができます。相手がその勢いに萎縮してひれ伏せば、有無を言わさず相手を従わせることができるでしょう。あとは実際に怒鳴らなくても、犬のように「ウーッ」と唸れば、相手は震えて従うようになるでしょう。その一方で、自分に従順であれば、「アメ」を与える。いまの社会は、こんな「アメとムチ」の社会でもあるようです。

他者への攻撃は問題の本質を隠すだけ

争っていれば結局「損」をする

争いは、物事を判断したり決断したりする目を曇らせていきます。

こんな例があります。

A社とB社は、もともと信頼関係というよりは、利害関係でつながっていました。そのために、水面下では、どちらが主導権を握るかで絶えず争っていました。

あるとき、A社とB社がからむ取引で、莫大な損失が生じました。

A社から見れば、B社が失敗したと見えます。

B社から見れば、A社が失敗したと見えます。

A社は、B社を攻撃します。

B社も、A社を攻撃します。

どちらも、「相手が悪い」と言って、一歩も譲りません。

過失の分量で言えば、交通事故のように、どちらに非があるかの割合はあるでしょう。けれども、争っていれば、そんな客観的な見方をするわけがありません。むしろ、両社とも責任転嫁をするのに必死です。

会社存続の危機というのに、社員の中には、会社と一緒になって、相手の会社を攻撃する者も少なくありません。

しかし、そうやって互いに他社を「相手が悪い」と言って攻撃したとして、根本的な問題が解決するわけもありません。

他者中心になって、相手にとらわれてしまうと、ただ、自分の感情を相手にぶつけようとするだけで、本質のところが、まったく見えなくなってしまいます。

言い争っても根本的な解決にならない

では、こんな場合、誰に非があるにせよ、互いに他社を攻撃することによって実害を被るのは誰でしょうか。

それは社員です。

社員が一斉に「相手の会社が悪いんだ」とばかりに攻撃すれば、業績が上がるのでしょうか。

自分の賃金が上がるのでしょうか。

優遇されるように、なるのでしょうか。

反対に、その損失で、賃金を下げられたり、業績不振でクビにされたりする人も出てくるかもしれません。

仮にそうなることがあったとしても、同時に、こんなメリットがあります。

それは、すべての人々が、「自分の責任を自覚しないですむ」ということです。

個々それぞれが、他社を攻撃することで、

「人のせいにできる。責任逃れができる。自分の責任を取らないですむ」

ということです。

とりわけ会社の経営陣にとっては大きなメリットとなります。

社員は、経営陣と一緒になって他社を攻撃することで、経営陣の責任回避を認めることになります。

もしあなたが、こんな会社の経営陣だったら、ホッとするでしょう。他社を攻撃することで、自分の責任をうやむやにできます。

もともと経営不振だったとしたら、これを口実に、社員の整理ができます。悪いのは他社だということに同意しているのは社員自身ですから、強く反発することができません。このことで仮に自分の給料が下がるとしても、受け入れざるを得なくなるでしょう。

滑稽なほど、よくあるパターンです。

責任を取ろうとしない人たちは、誰かをスケープゴートにします。

「業績が上がらないのは、社員が無能だからだ」

「職場の雰囲気が悪いのは、あの人がいるからだ」

「上司がだらしないから、社員がまとまらないんだ」

「あんな怠け者がいるから、私たちが大変なんだ」

こんなふうに言い募(つの)ったからといって、職場の雰囲気がよくなることも業績が上がることもありません。逆に、そうやって他者を攻撃することで、問題の本質を覆い隠すことになってしまいます。それに乗っていけば、結局は、根本的な解決や改善はされないまま、回り回って、自分の首をしめるようなことになってしまうでしょう。

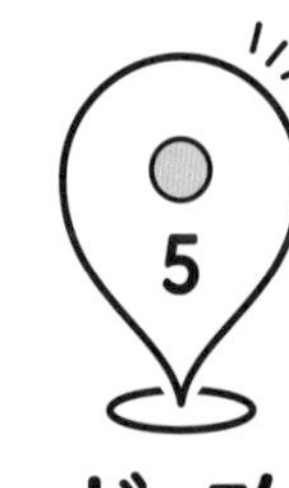

攻撃的な気持ちが生まれたらどうすればいい？

ネガティブな感情になった瞬間に気づくレッスン

ネガティブな感情は、勝手に起こっているわけではありません。それは、自分の気持ちや欲求や思いを無視しているからです。他者にとらわれて、自分の心に沿った選択や行動をしていないからです。

ですから、他者に攻撃的な目を向けたり、他者を心の中で攻撃したり、実際に攻撃的な行動をしたとしても、決して、心から満足することはありません。それは自分を大事にしたことにはならないので、当然です。

そんな人は、まず、**自分がネガティブな感情になった瞬間に気づくレッスンから始めましょう。**気づくだけで、自分が何に腹を立てているのか、何が嫌なのか、何を恐れているのかといった、自分の〝本当の心や気持ち〟をつかむことができるようになります。

そのためにも、人のことよりも、まずは〝自分に関心を抱き〟ましょう。

自分に関心を抱けば、自分の感情に気づきます。

たとえば、あるとき、職場でAさんが、いきなりあなたを捕まえて、「そんなこと言われたって、私だって忙しいんだから、いちいちあなたに気をつかうことなんて、できないわよ」

と感情的に言ってきました。このときあなたもそのまま、他者中心的な反応をして言い返せば、争いになるのは目に見えています。

仮にそうなったとしたら、あなたは、「Aさんは嫌いだ」と認識することはあっても、そんなAさんとの関係を繰り返すだけで、「どうして自分はAさんと争ってしまうのか」、その原因や理由もわからずに、ただ相手を嫌い続けることになるでしょう。

これでは、自分がつらくなります。

全体の状況を把握できれば解決策が見えてくる

このときあなたが、自分中心になって自分の心の感じ方に注目していれば、

- いつもながら、Aさんの責め口調が、傷つく
- このときはとくに、「いちいちあなたに気をつかうことなんて」という言い方にカチンときた

と気づきます。

けれどもそれは、数時間前、あなたがAさんに、

「いっぺんにあれもこれもやってと指示されても、一人では無理です！」

と訴えたからでした。

こんなふうに、**自分のその時々の感情に気づくと、自然と、全体の状況も把握できる**ようになってきます。

全体の状況把握ができれば具体的な解決策の見通しがつくので、これだけでも感情的になる分量は減るでしょう。

さらにこの件では、Aさんの「あれもこれも」に対して責めるように主張して

しまったけれども、それは、自分自身が、自分に対して「あれもこれも、急いでしなければならない」と、強制していたからだと気づくかもしれません。仮にAさんが、「あれもこれも、急いでやって」と言っているとしても、Aさんの指示にそのまま従うことはありません。

「私は私のペースでいいんだ」と、心から自分を認めることができれば、

「では、まず、これをやります。その後、別の作業があるので、あれは、その後でいいでしょうか」

などとていねいな言い方をすることもできるのだと、気づくかもしれません。

また、こんな言い方ができれば、「Aさんとの関係も変わる」と気づいたりするのです。

競争心は、
「他者にとらわれている」
という無意識からのメッセージ
——自分に備わっている「行動力」を、
自分のために使いましょう。

第4章

「見栄」を味方にすれば「優れた能力」を発揮できる

「見栄」で本当の自信は得られない

「自分磨き」は何のため？

「自分磨き」に余念のない女性がいます。
仕事に有効な資格取得だけでなく、美容や肌のお手入れサロンに通ったり、ファッションセンスも磨いたりしています。スタイリッシュな容姿や体型を維持するためのフィットネスクラブにも通っています。

けれども彼女の場合、それは「自分自身のため」というよりは、「素敵な男性をゲットする」のが目的です。

彼女は、

「人よりも抜きん出ていないと注目されないし、素敵な男性をゲットできても、彼と不釣り合いだったら、恥ずかしいじゃないですか」

と言います。

そんな目的のために自分磨きに励むのは、彼女が、「女は選ばれる性だから」と信じているからです。だから、

「『女の価値』は、どんな相手をゲットできるかで決まるんですよ」

そう言ってはばからない彼女にとって、相手の男性は、まるでスポーツの優勝カップや優勝旗のようなものなのです。

彼女のように、見栄を張る人たちは、絶えず人から認められたい、人の注目を浴びたいという思いにとらわれているので、心の内面や精神性よりも、表面的に見えるもの、たとえば肩書きや地位や名誉といったステータスや、ファッションや宝石や装飾品やインテリアといった見た目の豪華さや重厚さに、過度にこだわります。

本物のプライドは「自己承認」から生まれる

自分のことを、

「私は、プライドが高いんです」

と言う人がいます。

本人はそう思っていたとしても、他者からは、「高慢。傲慢。生意気。傲岸不遜。上から目線。意固地。人を鼻であしらう。木で鼻をくくったような態度を取る」と評されることも少なくありません。

これを指して「プライドが高い」と思い込んでいる人もいるでしょう。

けれども、こういった**批判的な意味でのプライドと、「自負心、自尊心、誇り」といった本物のプライドとは異なるもの**です。自分中心的にとらえるならば、その内面において、むしろ〝正反対だ〟と言ってもいいでしょう。

前記したように、私たちは自己承認欲求や他者承認欲求をもっています。

誰もが、根底に、自分を高めたい。自分を成長させたい。自分の心を磨きたい。こんな欲求をもっています。これが「自己承認欲求」です。

あるいは、人に信頼されたい。人望を集めたい。尊敬されたい。こんな欲求をもっています。これは「他者承認欲求」です。

こんな他者承認欲求に、他者中心の意識が加わると、「人の注目を一身に浴びたい。人の上に立ちたい。人を従わせたい。人よりも優れていると見られたい。称賛されたい。崇拝されたい」あるいは「嫉妬させたい。うらやましがらせたい。憧れさせたい」といった支配的な欲求もプラスされていくでしょう。

もちろん他者承認欲求は、裏を返せば、人と競いながら自分を高めたいと思う向上心の表れとも言えますから、それそのものは、好ましいことです。そんな競い合う気持ちを原動力にして、

「あの人に追いつきたい。あの人よりも優(まさ)りたい」

と、ライバル相手を目標にしたり、

「あの人が、がんばっているんだから、私もがんばろう」

「あの人にできるんだから、私もできないわけがない」

などと、それを励みにしながら能力を引き出したりアップさせたり、自分を成長させることもできるでしょう。

さらには、**他者承認の欲求が満たされれば、次第に「自分が自分を認める」自己承認欲求へと移っていく**でしょう。

■「他者承認欲求」の落とし穴

ただ、他者承認の欲求には、いくつかの落とし穴があります。

その一つめは、**他者承認の不安定さ**です。他者承認はその「承認」を他者に依存するため、他者の気分や周囲の状況に左右されやすく、「自己承認」に比べて非常に不安定なのです。

二つめは、**他者から承認を得ようと思えば思うほど、意識が他者中心的になってしまう**という点です。意識が他者中心的になり、他者からの評価を重視しすぎると、自分では自分を認められない、あるいは、ありのままの自分を認められないという問題が起こり始めます。

そうなると、他者からの評価や称賛が得られないと絶えず不安に駆られるようになったり、他者からの批判を恐れるあまり、小さな失敗にも大きく狼狽（ろうばい）するようになったりします。

他者承認の欲求を抱きながら、さらに意識が他者中心的になると、ただでさえ不安定な他者承認に振り回されやすくなり、より大きく傷つくことになるでしょう。

この状態に陥ってしまうと、ポジティブに働く可能性もあったはずの競争意識も得てしてネガティブに働きます。しかも、その競争意識が強ければ強いほど、それがそのまま競争相手への敵愾（てきがい）心、不寛容、嫉妬などといった扱いにくい感情に変化していくことでしょう。

そして、三つめの落とし穴は、**他者から承認を得るために、「実際はどうであるか」や「自分はどうしたいか」より、「他者からどう見えるか」を優先してしまいがちになる**ということです。

多少の背伸びならそれほど問題になることもないでしょう。しかしそれが二度三度と増えていき、癖になり始めると話は大きく変わってきます。

他者承認にこだわるあまりに、現実の自分を受け入れられないと、自分を大きく見せようとして、

「自分だって本気になればそれぐらいできる」

「チャンスさえあればもっとうまくやってみせる」

といったような見栄を張る発言が増えていくでしょう。

それがエスカレートしていけば、できないことを「できる」と言ったり、やったことのないことを「したことがある」と言ったり、発言の中に嘘が混ざり始めます。嘘を取り繕(つくろ)うためには、また嘘が必要になり、嘘の頻度は増していき、自分の見栄によって、次第に身動きが取れなくなっていくでしょう。

しかもそうやって**他者承認に固執してしまうと、自分の気持ちを無視して、他人の基準でものを考え、選択していくようになる**でしょう。

それが続けば、次第に自分の気持ちがわからなくなり、自分の望みも曖昧になっていきます。

自分の気持ちに沿った選択ができず、自分の望みも叶えられないのですから、気分がふさいだり、イライラしたりすることが増えるでしょう。

しかし、気分がふさいだり、イライラしたりしても、自分の気持ちがわからなくなっているので、その理由が自分ではわかりません。そのために、根本的な解決も自分ではできなくなってしまうでしょう。

そうやって、**自分自身の気持ちや欲求や感情に寄り添うことができなくなれば、自己信頼や真の自尊心はいっそう損なわれていく**でしょう。

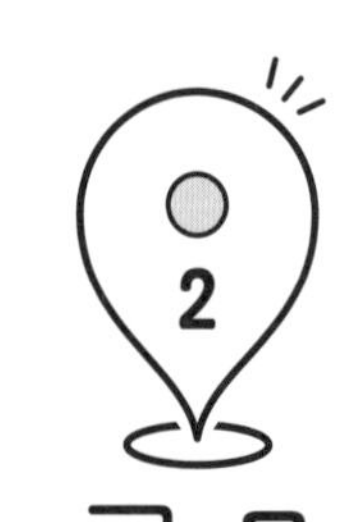

見栄を張ると「本当の欲求」が見えなくなる

「見栄を張る」という行為の代償

見栄を張る人たちは、自分の欲求そのものが、ちょっと屈折していることに気づいていません。簡単に言うと、自分の本当の欲求に気づいていません。というのは、ひたすら他者承認を追いかけていけば、次第に、自分の本当の気持ちや欲求や感情を見失っていくからです。

そうであるために、いっそう他者中心になって、自分の心を自分のために満たそうとするよりは、たとえば自分の姿を客観化して、他者の目から見ると、
「すごいなあ、美しいなあ、豪華だなあ、立派だなあ、えらいなあ」

と見えるに違いないという、自己陶酔的な空想を描き始めます。そして、あらゆることに、

「私って、どう？　すごいでしょ！　うらやましいでしょう！　あなたたちと私は、もともとレベルが違うのよ！」

などと、そんな空想を駆使し、あるいは実際に他者から「すごい」と言われて初めて満足するというふうに、**「他人から見た自分」を想像して、自分に酔いしれるというプロセスを経ないと満足できない自分になっていきます。**

ちょうどそれは、

「私は人より優っている。私は人よりえらい。私は選ばれた人間だ」

と思い込みたいがゆえに、まるで自分がヒロイン、ヒーローとして出演した映画を、自分が観賞して映画の中の自分にうっとりとして憧れたり称賛したりするように、そんな自分を夢想するようになるのです。

もちろんそうやって、他人から見た「すばらしい私」を演じようとすればするほど、虚勢を張ったり見栄を張ったりしなければならなくなります。と同時にそ

れは、自分の心を偽ったり、〝素〟の自分に背を向けることになります。

ですから、**満足を得るために見栄を張るという行為は、他者によって満足を得るかもしれない代償として、自分を偽り、また自分を否定するという、二律背反の不安や焦りや恐れに、絶えず苛まれることにもなる**のです。

●つねに「話題の中心」にいるのはむずかしい

他者から「すごい、えらい、立派、すばらしい、美しい」などと称賛されたり絶賛されたりするには、つねに「話題の中心」にいなければなりません。

けれども、つねに話題の中心になる、というのはむずかしいことです。

たとえば前記した自分磨きに専念している彼女は、最初から、自分が自分の力で「人より優るもの」を手にすることは無理だと思っています。

また、彼女が「女性は選ばれる性」と思い込んでいるのは、女性に対してだけではありません。

試験で満点をとってほめられる。受験で合格して入学を許される。いろいろなコンテストで入賞して表彰される、というふうに、つねに自分より優れた人がいて、その相手から選ばれるという受け身的な意識が強いからです。

自分の能力で手に入れることができないと思い込んでいて、それでも言わば〝勝者〟になりたいと思えば、すでにそれを手に入れている人に「選ばれる」しかありません。

そうならなければ、自分自身も、自信がもてません。

だから、そんな相手を夫に選ぼうとし、それが叶わなければ、そんな夫にしようと発破をかける、そんな息子や娘に育てようと猛烈な教育ママに変貌するというふうに、自分が努力するのではなく、相手の尻を叩くことに必死になっていくのです。

見栄の原因は「自己評価の低さ」にあり

そんな努力で、よい結果につながれば、まだ、満足できるでしょう。

けれども、誰もがそんな方法でうまくいくとは限りません。むしろ、うまくいかない人たちのほうが多いのではないでしょうか。

そのくやしさから、最初のうちは、それでも見栄を張り続けるでしょう。

しかし**「見栄」はもともと、自分の力では得ることができない、という自己評価の低さからきています。**

そのために、他者が自分の望むように反応しないと、ほんのちょっとのことでも、みじめな気持ちが襲ってきて、

「私をバカにした。私を見下した。私に反対した。私を軽くあしらった。私がこんなにしてあげているのに、あいさつ一つもないなんて失礼だ」

などと、そんな相手に腹を立てたり許せなくなったりするでしょう。

時として、自慢合戦だけではおさまらず、弱い相手をターゲットにして集中攻撃したり、自分の取り巻きのような人たちに、嫌がらせをするように仕向けたりするようになるかもしれません。

けれども、そんな行為は、無意識のところで、いっそう自分をみじめな気持ち

にさせていくでしょう。なぜならどんなに相手をいじめたとしても、その相手の姿の中に、かつての自分の、みじめだった自分の姿を見るに違いないからです。

もっとそんな気持ちを掘り下げれば、そうやってでも見栄を張らないではいられない、そんなネガティブな思いの最初の出所は、「さみしさ」や孤独感なのかもしれません。

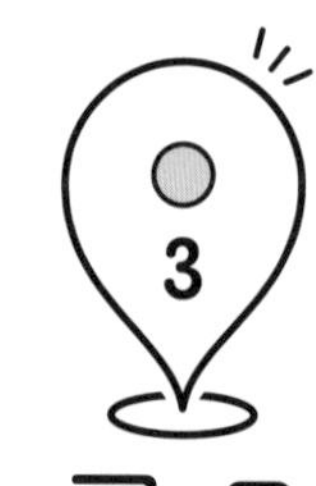

見栄を張り合うのは「不信感・恐れ」があるから

見栄のマウンティング合戦

メールやSNSやLINEといったものでコミュニケーションをとることはしても、最近では、面と向かって相手と話をするだけでなく、電話で用件を伝えるだけでも気後れがする、億劫(おっくう)だ、めんどうくさいと言う人たちが増えています。

文字で伝えるときでも、簡単なやりとりだけで、長文になるとむずかしいと言う人や、考えること自体が、めんどうくさいと言う人もいます。

ただ、こんな、**気後れがする、億劫だ、めんどうくさいといった発言の奥には、「怖い」という気持ちが潜んでいます。**

会話は、言わば即興の連続です。

お互いに信頼し合っていれば、安心して話すことができます。仮に失言があったとしても、「話し合えば理解し合える」という信頼感があれば、わだかまりを解消することもできるでしょう。

けれども、そんな信頼関係がなければ、相手を警戒せずにはいられません。「もし自分が一つでも失言してしまえば、相手から反撃される」などと信じていれば、自分がしゃべる一言一言に、相手がどう反応するかと恐れを抱くでしょう。

見栄を張るのは、相手より優位に立ちたいという欲求があるからですが、それは、自分を守るための防御方法でもあります。

もちろんそうやって、**相手に優ろうとして見栄を張り合うのは、人に対する不信感や恐れがあるから**です。

「私はこの前、家族で一週間、ヨーロッパ旅行に出かけて楽しかったんだ」と見栄を張るとき、実際にはその一週間が〝諍(いさか)いの連続だった〟としても、それを言えません。

「ステーキを食べるときは○○店なの」

「ファッションは、○○ブランドしか着ない」
などと、マウンティングし合って優位に立てる瞬間もあるでしょう。
けれどもそんな優位性で、恐れや警戒心がなくなるとは思えません。ましてや、自分の中に押し込めているさみしさや虚しさが癒やされることもないでしょう。

見栄にとらわれていては心が満たされない

恐れやさみしさや自己信頼の低さが根底にあるからこそ見栄を張るしかないとしたら、財産や資産や名誉や肩書きといった他者承認を満たすための絶対的なアイテムが不可欠です。

実際のところ、そんなアイテムを目指して張り合っていれば、非常に疲れます。いっときの間、優位に立っているという満足感に浸れたとしても、それを自分の価値を計るものさしとするのでは、むなしい限りではないでしょうか。

また、そうすればするほど、恐れや警戒心やさみしさが強くなることはあって

なぜ「見栄」を張りたくなるの？

「他人中心」で物事をとらえて……

「他者承認」を満たすためのアイテムを求める

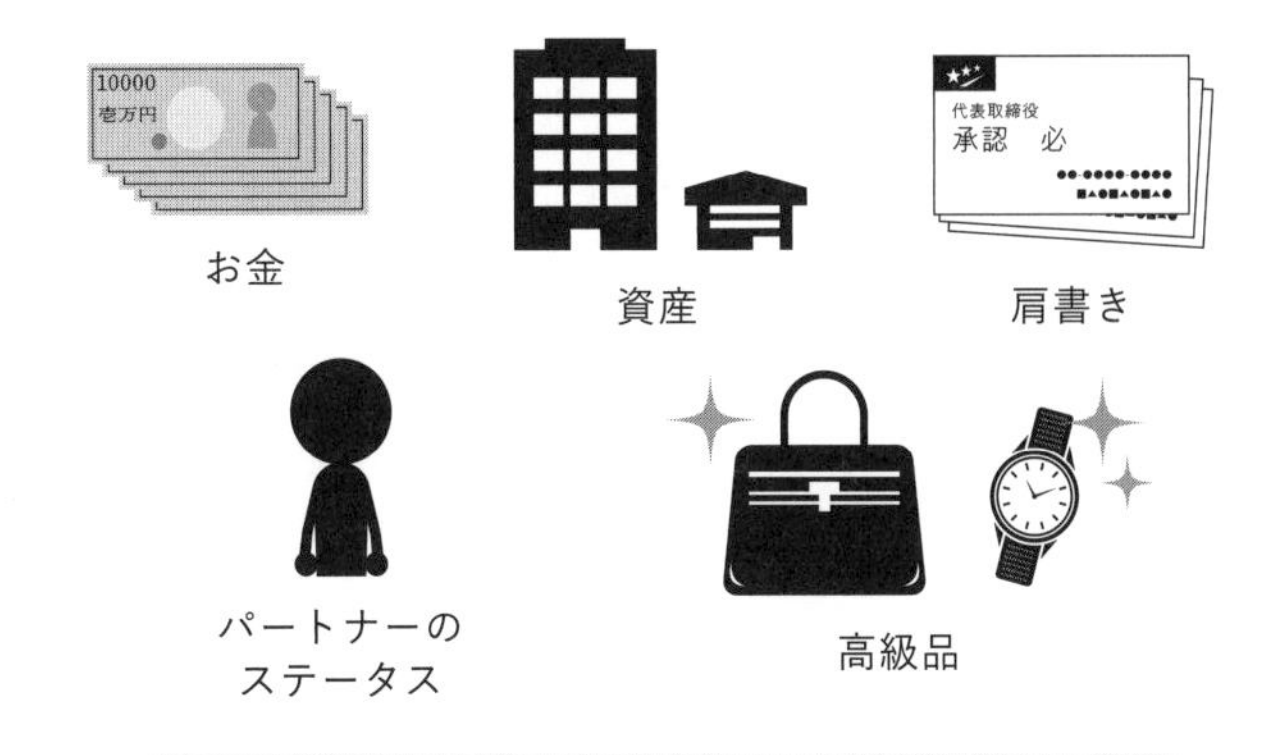

根底には、人に対する不信感や恐れなど、
「自己信頼」の低さがある

も、自己評価が高くなることはないでしょう。なぜなら、本来、自分の本当の気持ちに寄り添って自分の心を満たすという、自己信頼を高めるために使える貴重な時間も極端に減ってしまうからです。

さらにまた、**見栄にとらわれていると、自分で自分の心を受け止められなくなるだけでなく、満たされない自分の心を、誰かに満たしてもらいたい、という気持ちもいっそう強くなる**でしょう。

もちろん、そうやって他者に満足を求めれば求めるほど、反対に、自分の心は、自分から離れていって見えなくなっていきます。

自分が自分の心を無視して、どうやって、自分の心を満たすことができるでしょうか。

どんな場合でも、自分の心を最もいたわることができるのは、自分自身です。

自分の心が満たされないのは、自分をいたわること、自分の心に寄り添うこと、自分の心を大事にすることを、忘れてしまっているからです。

見栄を張る人たちだけの話ではありません。これは、現代人全体に言えることではないでしょうか。

他者の力なしには、自分で自分を認められない。だから、他者承認に躍起になる。そんな負のベクトルが、多くの人たちの心を孤立させ、人とのつながりを分断化させています。

いまの社会がそうであればなおのこと、私たちは自覚して**自分に立ち戻り、そして「自分の感情」に気づき、自分を愛する心を育て、自分に対する愛を感じられる自分を育てていく必要がある**のです。

4 「他人の評価」ではなく「自分の心」に沿う

■「自分が好き」と自分で言えるためには

見栄を張る人たちにとって足りないのは、自分で自分を認めることで満足が得られるという「自己信頼」です。

彼らは、自分を飾るものがなければ、「自分で自分を好き」と言えません。他者からの評価がなければ、彼らには何も残らないと、少なくとも、彼ら自身が無意識のところでそう信じ込んでいます。

ですから、他者からの評価を失ったとき、彼らは、孤独や絶望感に直面するかもしれません。

もっとも、見栄を張り合う人たちは、もともと物質的に恵まれていたり、外側からの評価を得る能力や資質をもっていたりすることが少なくありません。

だからそれが高じて、さらに他者承認に躍起になるという側面もあるのです。

では、そんな人たちが自己信頼を取り戻すには、どうしたらいいでしょうか。

それには、まず、**「見栄を張り合いたくなる」気持ちが起こったとき、そんな自分の心の動きに気づくこと**です。

たとえば、見栄を張り合っている仲間たちから、ちょっと豪華な旅行に誘われました。

それを聞いたとき、どんな気持ちになったか。たとえば、

「わあ、楽しそう。ぜひ行きたい！」

というポジティブな気持ちが湧いてきたのであれば、「行きたい」という気持ちが強いと言えるでしょう。

反対に、そう聞いた瞬間、ネガティブな気持ちになったとしたら、それも自分の気持ちだと言えるでしょう。そして、

「行くのはいいけど……、また、出費がかさむなあ。でも、断れないし、仲間外れになるのも嫌だから、参加するしかないなあ」

などと考えるとしたら、負担を覚えるでしょう。

●「自分の心に沿った選択」をする

自己信頼を高めるには、できるだけ自分の心に沿った選択をすることです。そして、自分の心に沿った行動ができたことを、「自分のために行動できてよかった」と、自分のその行動を心から評価してあげることです。

こんな選択と行動をしていけば、他者に評価を預けて自分の価値を測らずとも、自分で自分を認められる自己承認の欲求が満たされるようになるでしょう。また、そうすることで、次第に自己信頼も高くなっていきます。

要約すると、

- **判断するときの決め方として、まず、自分の感情に気づく**
- **そして、自分の気持ちや感情に沿った選択と行動をする。少なくとも、できるだけ「自分の心に叶った行動をしよう」と決める**

ということが重要なポイントです。

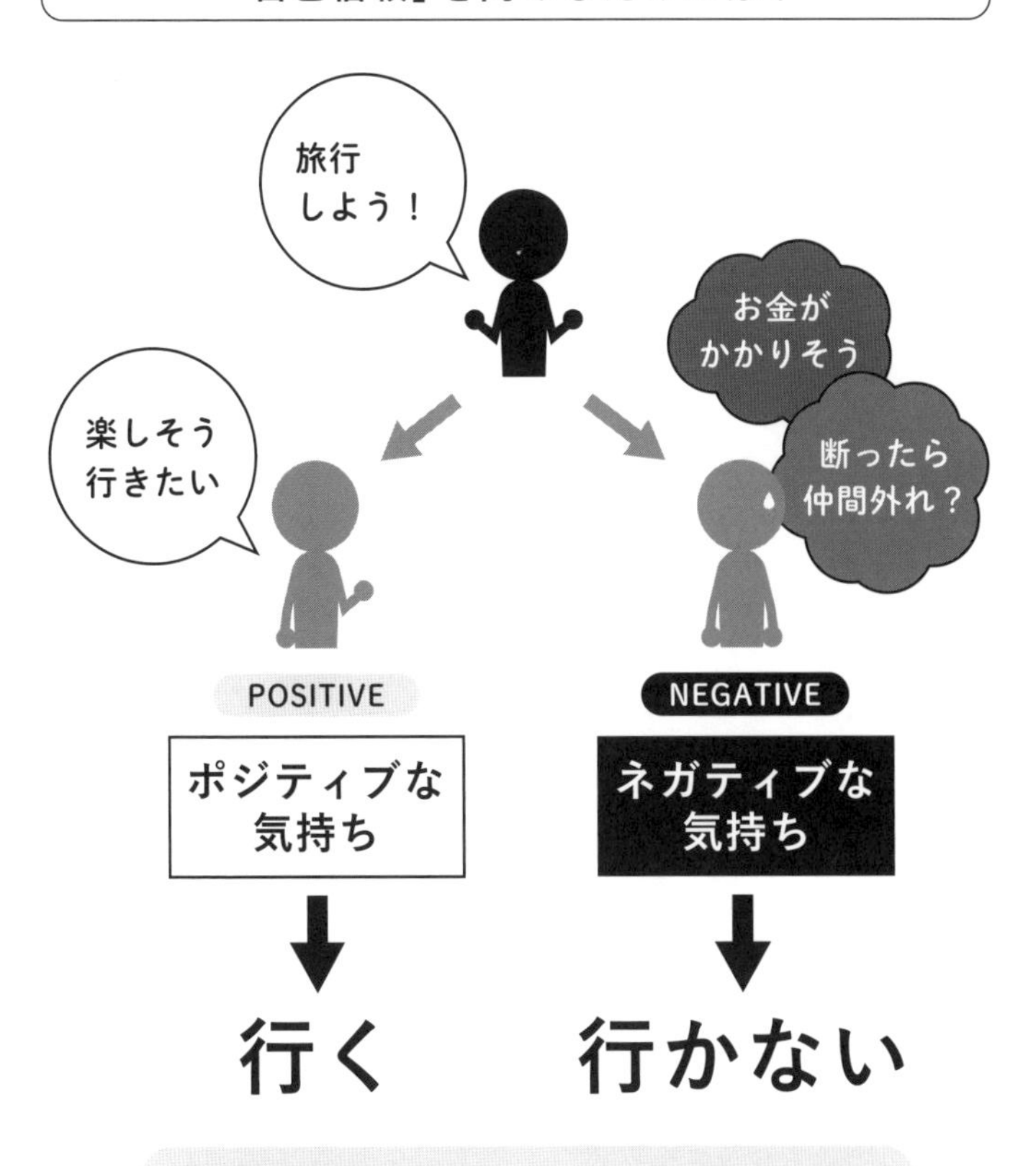
「自己信頼」を高めるためには？
旅行
しよう！
お金が
かかりそう
楽しそう
行きたい
断ったら
仲間外れ？
POSITIVE
NEGATIVE
ポジティブな
気持ち
ネガティブな
気持ち
行く
行かない
できるだけ自分の心に沿った選択をする

負担に感じながらも見栄を張って競い合うというのは、自分の心を無視するという意味で、すでに自分を傷つけています。

こんな観点からすれば、**見栄というネガティブな感情によって引き起こされる競争心は、「他者にとらわれている」という無意識からのメッセージ**と言えます。

このメッセージを無視し続ければ、他者承認だけを目指して、見栄を張り続けることになるでしょう。

自分の感情を基準にして、感情とは逆にそれをするとき、自分のネガティブな気持ちに気づいたとき、

「精神的に疲れることは、やめよう。自分が負担に感じることは、やめよう」と決めることができれば、そんな見栄から少しずつ解放されていくに違いありません。

見栄から解放されれば「本当の自信」が身につく

見栄を、自己信頼のものさしとして、「自分のために」行動しましょう。

これは簡単そうで、むずかしいかもしれません。

それでも、見栄をやめていけば、マウンティングし合う会話やその関係が、いかに「自分を無意味に傷つけている」かが見えてくるでしょう。

また、実際には、自分が傷つくから、さらに見栄を張りたくなるという悪循環に陥っていたのだと気づくかもしれません。

見栄は警戒心や不信感を増大させ、自己信頼を低くしていきます。

もしあなたが、**自分の気持ちを偽って見栄を張る、そんな生き方をやめていけば、もろもろの恐れから解放されて、本当の自信を取り戻していく**でしょう。

そうすることで、あなたがこれまでずっと望んでいた、

「優れている人になりたい。評価される人になりたい。人に認められたい」

という望みも、叶うことになるでしょう。

もともとあなたは、自信に満ちた行動をできる資質を有している人です。その能力を、見栄を張るために使っていたに過ぎません。

ですから、**自分の心に沿った行動をしていけば、見栄のために注いでいた努力を、自分のために使えるので、優れた能力を発揮していく**に違いありません。

見栄は、

「他者承認の欲求だけで生きている」

という無意識からのメッセージ

——見栄を自己信頼のものさしとして、

「自分のために」行動しましょう。

第５章

「不安」を味方にすれば「行動」しやすくなる

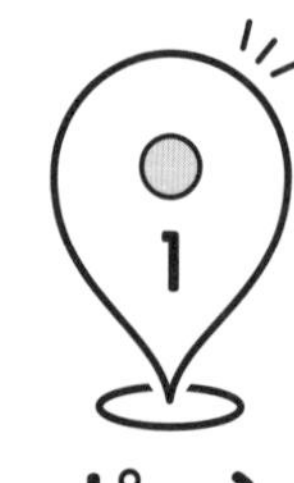

ネガティブな意識か、ポジティブな意識か？

「失敗したら、どうしよう」が不安を呼ぶ

たとえば、入社して初めて、ちょっとしたイベントのプレゼンテーションを任されて、失敗したとしましょう。

実際のところ、「完全に失敗だった」ということはまずありえないことです。失敗と思える状況の中にも、「しっかりと資料を集めた」「事前調査をやった」「現場に何度も足を運んだ」「何度もシミュレーションしてみた」といったポジティブな面も必ずあります。

けれどもネガティブな意識が強いと、「実際のプレゼンで発表したとき、しどろもどろになってしまって、自分の言い

たいことの一〇分の一も話すことができなかった」

というような一場面だけがリアルな〝失敗体験〟として記憶に強く残ります。

こんな記憶が鮮明に残っていれば、次に同じようなイベントのプレゼンを任されるチャンスがきたとしても、その失敗が思い出されて、

「また、前のような失敗をしたら、どうしよう」

などと不安になったり、その「思考と感情」の連鎖で、

「今度失敗したら、もう、二度とチャンスはないかもしれない」

「今度失敗したら、もう、会社にいられなくなってしまう」

などと考えてしまえば、ますます不安に駆られるでしょう。

この例に限らず、多くの人たちが未来を予測するとき、

「失敗したら、どうしよう」

「人に否定されたら、どうしよう」

といった具合に、ネガティブな出来事が起こるかもしれないことを想起しがちです。

なかには、その不安から、さらにそうなったときの場面をイメージして、

「鋭く批判されたら、どう言い返そうか」

「ああ言われたら、こう言おう」

などと、反論対策を講じようとします。

けれどもそうやって**起こってもいないネガティブな場面を想起してシミュレーションしてばかりいれば、知らずのうちに、他者不信を強化してしまう**かもしれません。

失敗は「思い込みを捨てるレッスン」だと考えてみる

一方、ポジティブな未来が展開する可能性もあります。

実際には、

「非常によかった。よくわかったよ」

「具体的なデータが示されていたので、よく理解できたよ」

「短い間に、よく調べたねえ」

などと評価される可能性もあるのですが、ネガティブな意識が強いと、他者からポジティブな反応が返ってくるとは信じられないでしょう。

でも、**本当は、「失敗する可能性もあるし成功する可能性もある」というのが公平な見方**です。

そんな公平な見方ができれば、「失敗した」という思いから落ち込みそうになったとしても、自分を救うことができるでしょう。

「今回は、あがってもいいから、最後までやれれば、それだけで十分だと自分で決めていて、それは達成できたと思うので、よかった」

「今回のプレゼンは、好ましい反応は得られなかったけれども、自分ではよくできたと思う」

「以前は、人前に立つのは苦痛でたまらなかったけれども、今回は、プレッシャーが半分ぐらいに減っていて、自分として上出来だ」

「全体的にはまだまだと思うけれども、この点だけはとポイントを絞ったところはうまく伝えられたので、自分に合格点をあげよう」

仮に大恥をかいた気分になったとしても、「すべてを一〇〇パーセント完全にできなければならない」という思い込みを捨てるレッスンにしようと考え直すこともできるでしょう。

どんな場合であっても、「一〇〇パーセント失敗だった」ということは、まずありません。

どんな結果になったとしても、その中に、必ずうまくいったことがあるし、以前より成長したところがあります。

ネガティブな意識が強いと、単に、それが見えないだけだと言えるでしょう。

■意識と無意識のギャップを埋める

ふだんから、その時々で、

「自分は、どんな気持ちを抱いているのだろうか」

「どんな思考をする傾向があるのだろうか」

「どんなふうに感じ、どう行動しているのだろうか」

などと、自分に関心をもっている人でなければ、自分自身が、根底でどんな意

「失敗する可能性もあるし成功する可能性もある」
というのが公平な見方

識を抱いているかを突き止めようとしても、おそらくわからないでしょう。なぜなら、自分が根底でどんな意識を形成しているかは、思考よりも自分の体験による影響のほうが大きいものであり、また、似たような体験によって強化されていくものでもあるからです。

自分では自信家だと思っていても、実際は「自信のない」行動をしたり、自分では、自分を消極的だと思っていても、実際の行動は大胆だったりするように、自分の顕在意識と無意識の間にはギャップがあるものです。

たとえば親子関係で、子どもが顕在意識では、親孝行しなければいけないと思っていたとします。しかし無意識のところで、親に対して否定的な意識が根深く残っていると、親のためにやろうとした行為であっても、それが裏目に出て争いになり、いっそう溝を深めてしまうというようなことも起こります。

起こるというより「無意識が、起こす」といったほうが正確です。

これを私は「**無意識の仕返し**」と呼んでいます。

もちろん顕在意識の自分は、そうなってしまう理由がわからないため、根本的な解決ができずに苦しむことになるでしょう。

そんなことが親に対してだけでなく、他の人間関係でも起こってしまうとしたら、自分の根底に、ネガティブな意識が刻み込まれているのかもしれません。

自分の意識の根底に、ネガティブな意識が強く存在していると、そのネガティブな意識が土台となるために、当然、そこから始まる思考もネガティブとなります。

ネガティブな思考は、ネガティブな感情や気分を生じさせます。

そんな気分や感情で新たな思考を展開すれば、さらにネガティブな気分や感情がその上に加算されるでしょう。

私たちの**「行動」は、そんな「ネガティブな思考と感情」の結果**だと言えるのです。

つまり、ネガティブな意識が強いと、思考も行動もネガティブな選択をしていきます。

反対に、ポジティブな意識が強いと、思考も行動もポジティブな選択をしていきます。

「自分の言葉」に意識を向けてみる

思考から感情が生まれる

では、根底にネガティブな意識が強く刻まれている状態で、未来に起こることを予測するとしたら、どんな思考をするでしょうか。

言うまでもなく、過去のさまざまな出来事から、わざわざネガティブな場面を引っ張りだしてきて、

「また、同じことが起こるのではないか」

と、想起して不安に駆られることになるでしょう。

ポジティブな発想は、自分に関心がないとできないことです。

他者中心に陥っていると、「自分がどんな言葉を使っているか」にさえ気づかない人も少なくありません。


無自覚に生きていると未来を予測するとき、気づかずに、

「〇〇ができなかったら、どうしよう」

という思考から始めているかもしれません。

他者中心になっていると、他者の目ばかり気にして、

「笑われたら、どうしよう」

「的外れなことを言ってはいないだろうか」

「みんなは、私のことを、どう思っているのだろうか」

「取り返しのつかない失敗をしたらどうしよう」

などという言葉を自動的につぶやいているでしょう。

もちろん「思考」は、思考だけでは終わりません。

思考することによって、気分や感情が生じます。

圧倒的多数の人たちが、無自覚に思考していますが、自分がネガティブなことを考えていれば、ネガティブな気分や感情が生まれ、気づいていてもいなくても、

それを実感しています。

自分がポジティブなことを考えていれば、ポジティブな気分や感情が生まれ、同様に、実感しています。

自分が物事を判断するとき、そんな思考によって生じた気分や感情によって選択し、行動しています。しかもこの流れは、ほぼ自動的に行われているのです。

ですから、もしあなたが、絶えず不安に駆られているとしたら、それは、その時々に感じている自分の気分や感情を無視しているからだと言えるでしょう。

不安は決して、唐突に無秩序に起こっているわけではありません。

ある不安が起こるとしたら、その一つひとつにおいて、不安になる理由があります。

その一つひとつの理由を無視してしまうと、その時々に生じている不安を解消できないために、絶えず「漠然と不安に駆られている」という状態になってしまうでしょう。

そんな不安がすでに定着してしまっていれば、「ネガティブな思考がネガティブな感情をつくりだす。その思考から、また、ネガティブな感情になり、またネガティブな思考をする」といった思考と感情の鎖の中で堂々巡りが始まります。

しかもそんな**「思考と感情」の連鎖は、さらにネガティブな気分や感情をエスカレートさせていく**ことになります。

もちろん、そうなればなるほど問題の本質から外れていってしまうため、やがては意味もなく不安に駆られるだけという状態になって、実際の行動まで至らないという場合も少なくありません。

漠然とした感情にとらわれている人の行動

どんなにささやかな場面であっても、私たちはあらゆる場面で、さまざまな気分や感情を感じています。

「大雨のあとに、真っ青な青空が広がったので、さわやかな気分になった」

「好きな人を思い出したら、心がほのぼのとしてきた」

「嫌な人を想起したら、腹が立ってきた」

「歩いているとき人がぶつかってきて、カッとした」

「階段で転びそうになって、ヒヤッとした」

というふうに、そんな気分や感情になるのには、理由や原因があります。

けれども、もしあなたが、とりわけネガティブな気分や気持ちになったとき、それを何気にやり過ごしていれば、そのとき起こったネガティブな気持ちは解消されないまま、自分の意識の底に蓄積していくことになるでしょう。

そんな気分や感情がつもりつもれば、

- いつも漠然とした不安にとらわれている
- なぜか絶えず腹が立つ
- どうしてなのか、小さなことでも、すぐキレてしまう

というふうに、その原因や理由がわからないまま、そんな漠然とした感情にとらわれていくでしょう。

■感情をぶつけても思ったほどスッキリしない

もしあなたが、絶えず、そんな漠然とした感情に駆られているとしたら、それ

は、親子関係や家庭環境で身につけてしまったものかもしれません。

親子問題で、親から相談を受けたとき、

「何度注意しても、まったく守ろうとしないんで、腹が立ってきます」

「遅くなるとわかっているのに、いつまでもグズグズしていて、なかなか動こうとしないのでイライラします」

こんな訴えを聞きます。

他方、子どもからは、

「毎日毎日、小言ばっかり言っていて、うんざりしてしまいます」

「とにかく何でも反対で、一切話を聞いてくれないので、言うのが嫌になってしまいます」

「どんなに言っても改めようとしないので、言っても無駄だと諦めています」

といった声が上がります。

しかも、そんな人たちの多くが、感情に駆られて、それを相手にぶつけます。

そのとき、

「どんな気持ちになりましたか」

と尋ねると、

「思ったほどには、スッキリしませんでした」

と答える人がほとんどです。

なかには、

「言った瞬間は、スッキリします」

と言う人もいます。けれども、

「しばらくするとまた腹が立ってきて、何度でも仕返ししてやりたくなります」

というのが実状で、**どんなに相手を責めても怒鳴っても、起こっている出来事を漠然ととらえている限り、その根っこに無数にくすぶっている感情を、スッキリと解消させることはできない**のです。

■「具体的な場面」を見つめる

もしあなたの親との関係がこんな状態になっているとしたら、社会生活においても、深刻な問題が起こっているかもしれません。

不安をぶつけてもスッキリしないのはなぜ？

責めても怒鳴っても
スッキリしない

出来事を漠然ととらえていて
自分でも「理由」が
わかっていない

根っこに
くすぶっている感情を
スッキリ解消できないから

根っこの感情を解消しないかぎり、
スッキリしない

というのは、家庭において、長い間、あまりに多くのことを否定されすぎていて、無意識のうちに相手の言葉を拒絶して、聞き流したり、意識に上ってこないようにしたりしてしまっている可能性が高いからです。

そんな環境で育っている人ほど、自分では自覚できないかもしれませんが、無数に傷ついています。しかも自分では、自分が何に傷ついているのか、その理由すらわかりません。

どんなに答えを見出そうとして考えても、漠然とした思考で解決することはないでしょう。

にもかかわらず、そうやって不安に駆られながらも「思考」にしがみつくのは、どうしてだと思いますか？

それは、本当は「行動するのが怖い」からなのです。

最初は傷つきたくないから、起こっていることから目をそらしていました。しかし目をそらしていれば、具体的な場面が見えません。具体的な場面を見ない状態で、自分の感情を解消することはできません。ネガティブな意識で未来を予測すれば、ますます不安や恐れが生まれるでしょう。それをまた、漠然とした思考で解決しようとして、一生懸命考えます。

ときにはそんな悪循環から、感情的になって怒りを爆発させたり、まったく関係のない相手にぶつけたりするかもしれません。

もちろんそんな方法で、「傷ついている自分」の心を癒やすことはできません。

だからまた、何も感じないようにと、目をつぶり、心を閉ざすというふうに、社会においても、家庭環境で学んだパターンを繰り返すことになるのです。

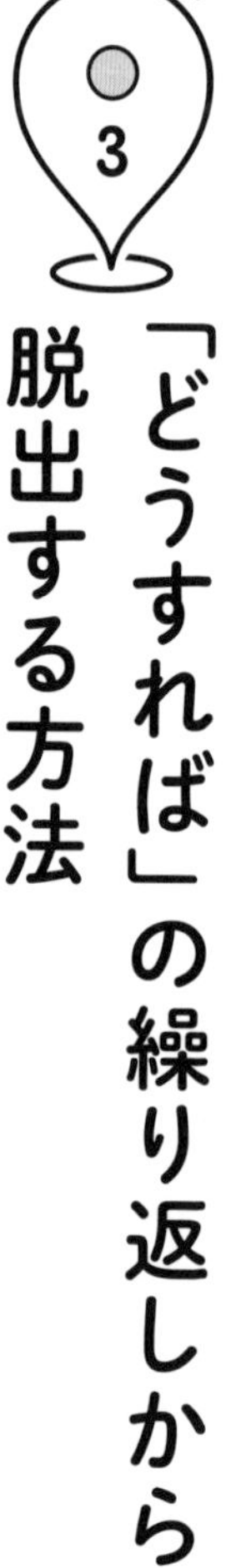

「どうすれば」の繰り返しから脱出する方法

「周囲が勝手に解決してくれる」は無理な望み

具体的な場面が見えない状態でどんなに思考しても、不安が増大するばかりでしょう。

実際には、自分が行動するのを恐れているという自覚さえない人も少なくありません。

極端になると、不安を感じながらも、自分はまったく動かないで、周囲が解決してくれるのを待つというような、とうてい不可能な解決方法を望むこともしばしばです。

論理的に考えれば、自分が不可能なことを望んでいると気づくでしょうが、漠然とした不安にとらわれていると、冷静になれません。

「どうして私は、毎日、こんな不安に駆られるのだろう。こんな不安を取りのぞく方法はないのだろうか」

などといった**漠然とした思考で、具体的な解決方法が見つかるわけがありません。**ただ延々と「どうすれば」という思考を繰り返していくだけとなるでしょう。

たとえば「職場に嫌いな人がいる」というのは、最も多い相談の一つです。

そんな相談を簡単にまとめると、

「私の嫌いな人が、私を好きになってくれて、私の望むような対応や、私が満足できるような対応をしてくれる人になるような方法を教えてください」

と主張しているように聞こえてしまいます。

さらには、

「私は行動しないで、勝手にそういう状況にしていくには、どうしたらいいですか」

と無理難題を問われているようにも聞こえます。

こんな訴えを額面通り受け止めると、

「自分は全然動かないで、嫌いな相手が自分の望むように行動してくれるには、どうしたらいいか」

ということになります。

もちろんそれは、自分が「行動するのが怖い」ことのあらわれなのですが、そんな恐れを抱えていることに、気づかない人たちも少なくないのです。

いまの「自分の感情」に気づく

ネガティブな意識があると、自動的にネガティブな選択や行動をしてしまいます。同様に、ポジティブな意識があると、自動的にポジティブな選択や行動をしていきます。

同じシチュエーションであったとしても、ポジティブであれば、単純明快です。

たとえば、

「失敗しても、やり直せばいいんだ」

「笑われても、自分としては、精一杯やったことを評価しよう」

「人をあざ笑う人たちのほうが、人間として劣っている人たちなんだ」

などと考えることができるでしょう。**根底の意識がポジティブであれば、自動的にこんな自分を救う言葉が、選択される**のです。

もちろんそうであるために、無意識が自然と、好ましい結果となるような選択をしていきます。しかもそんな無意識は、顕在意識よりもはるかに能力が優れているので、成功する確率もはるかに高くなるのです。

こんなふうに、私たちのその時々の選択と行動は、気づいていなくても、実際には、ポジティブな意識とネガティブな意識の分量やその質に応じて左右されています。

だからこそ、ネガティブな気分や感情を感じたときには、それをやり過ごさないで、その都度、その感情の出所を洗い出し、そして、具体的に解決していく必要があります。

そういった意味では、「顕在意識の私」がやることは、じつにシンプルです。

それには、まず、**自分が「〝いま〟体験している」場面ごとでの「自分の感情**

に気づく」ことです。

たとえば、「不安」ということで言うと、

〝いま〟、来週の出張の場所に間に合うだろうかと考えて、不安になった。

〝いま〟、上司に、「来週までに、終わるのか」と言われて、不安になった。

〝いま〟、協力を当てにしていた同僚から断られて、「一人でできるだろうか」と考えて不安になった。

こんなふうに、**具体的な状況をつかむレッスンをしていきましょう。**

■「自分の感情」を基準にすれば行動しやすくなる

「漠然とした世界」から脱出するには、その時々の〝いま〟の場面を把握して、それに対する対処能力を育てる必要があります。

このときに**最も大事なのは、〝いま〟の場面**です。

極端な方向音痴のある女性は、初めての場所に行くとき、その場所に無事に到着するかどうか不安でなりません。

目指す目的地とは反対方向に走る電車に乗って、しばらく気づかないということは、よくあります。地下鉄の出口がいくつもあるとき、出口を間違えてしまうと、もう、方向を見失ってしまいます。出張のときに、うっかり、いつもの通勤ルートで動いていて、途中で気づいて慌てて引き返したこともあります。

一人で行動するときはまだいいのですが、人と約束をしていたりすると、とくに不安になります。

あるとき、そんな不安を解消したいと思った彼女は、次に初めての場所に行くときは「下見をして、場所を確認しよう」と決めたのでした。

そうすることで、時間調整が適切にできるので、安心できます。

場合によっては、日帰り旅行のように時間がかかったりもします。それでも、そう決めて実行するうちに、下見に出かける時間を、もったいないと思わなくなりました。

むしろ、時間をかけて安心を得ることのほうが、もっと大事なのだと思えるようになっていました。そして、そんな下見を「楽しみにしている」自分もいるのでした。

こんなふうに、**「自分の感情を基準にする」と、自分の不安材料を、具体的に消すための行動ができます。**

これは、自分の人生にとっても、大きな収穫だと言えます。

なぜなら、**その一つの行動が、「安心を得るために行動する」という人生の土台づくりとなっていく**からです。

そうなれば、その後の人生も、「安心を得るため」に選択していくことになるでしょう。

そんな安心は、自信にもつながります。

こんなふうに、決して不安が悪いわけではありません。

むしろ、**不安は、自分を守るための未来からのメッセージ**です。

もし自分が不安を覚えたら、

「あ、私はいま、未来をネガティブにとらえているな。偏った見方をしているぞ」

と、「不安」を自分の味方にできるのです。

また、そうやって**一つひとつの具体的な不安に気づいて、それを一つひとつ解消していけば、漠然とした不安の量も、次第に減っていく**に違いありません。

不安を解消するための行動をとれば安心を得られ、
漠然とした不安が減っていく

不安は、「未来のことを、ネガティブにとらえている」

という無意識からのメッセージ

――漠然とした不安を解消するには、
未来を公平に予測する力を育てましょう。

第6章

「焦り」を味方にすれば「成功」する

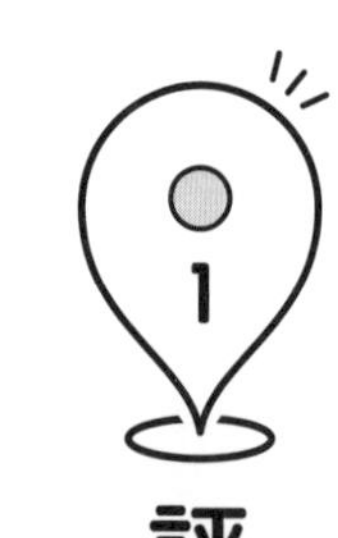

評価されずに焦ってしまう

焦りはネガティブな思考を引き起こす

多くの人が「人に評価されたい」と望みます。

そのとき、

「あなたは、どんなことで評価されたいと思っているのですか」

と問われたとき、即座に、

「私は、○○が好きで何年も続けているので、これが評価されたらうれしいですね」

と答えられる人であれば、心はスッキリとしているでしょう。また、そうであるから、その好きなことに邁進（まいしん）できて、望む評価が得られる可能性は高くなるでしょう。

けれども、自分のしたいことが、まだわからない。何か一つのことに熱心に取り組んでいるわけでもない。さらには、何をしたいかもわからないという状態であるにもかかわらず、ただ「人に評価されたい」と望んでいるとしたら、自分の心は、つねに「焦り」で占められているのではないでしょうか。

もちろん、そんな「評価されたい」は、実際の行動まで結びつかないので、絵に描いた餅のように何か変化をもたらすものでもありません。

むしろ、そんな「評価されたい」の中に、

「けれども、自分には評価されるに価するものがない」

という自分を否定する気持ちが潜んでいるとしたら、逆に焦りのほうが強くなるでしょう。

しかもまた、そんな焦りは、

「早く人に評価されるようなことを始めなければならない」

「こんなことをしていては、どんどん時間が過ぎていくばかりだ」

などといったネガティブな思考を引き起こすことになるでしょう。さらには、

「ああ、こんな歳から始めても、もう、間に合わないに決まっている」

などとつぶやけば、焦りどころか、自分の人生はもう終わってしまったような絶望感に襲われるでしょう。

他人と比べて焦ってしまう

前記したように、ネガティブな意識をベースにして、未来をネガティブに予測すれば、不安に駆られます。

その時々に起こるそんな不安を放置していれば、漠然とした不安を抱えてしまうため、不安を解消するための具体的な行動ができなくなってしまいます。

そんな意識状態で、自分を認められない人が、他者に認められることを望むあまりに、

「早く結果を出さなければならない」

「人に認められるように、一刻でも早く上達しなければならない」

などと考えたら、心も頭も、焦りに支配されてしまって、逆に身動きできなく

なってしまうでしょう。

そして、たとえば友だちや学生時代の同級生と現状の自分を比較して、

「あいつは自分の希望する仕事に就いていて、思った通りの人生を生きている」

「この年齢だったら、すでに結婚していて、子どもがいてもいいはずなのに……」

「あの人は、テレビに出たりして活躍しているのに、私はこんなところで、まだ、くすぶっている」

「私は何一つ成し遂げていない」

「友だちは、みんな人並み以上の生活をしているのに。でも、この歳になって、新しいことを始めるには遅すぎる」

などと考えれば、居ても立ってもいられないほど焦るでしょう。

完璧を目指すから焦りが募る

いまはもう、どうしようもなく「他者中心」の社会となっています。

次から次へと、理不尽なことや不条理なことが起こるので、外側に関心を向けないわけにはいきません。現実的に、他者中心になりやすい社会と言えるでしょう。

それこそ、ほんの少し前までは、周囲を見ながら、

「みんなに合わせなければならない」

「社会に適応しなければならない」

というふうに思って悩んでいる人たちが少なくありませんでした。

けれどもいまや、そんな他者中心の人ほど、外側の何を基準にしていいかわからずに混乱しています。

もとより他者中心の人たちは、他者にとらわれているので、自分の気持ちに気づきません。「しなければならないこと」や「してはならないこと」といった義務や禁止ばかりが盛りだくさんで、自分の気持ちはすっかりお留守になっています。

そうであるために、自分の気持ちより、

「Aがいいのか Bがいいのか、それとも、別の方法がいいのか」

などと、物事を思考で処理しようとしては、決められずに迷います。

また、なかなか決められないといっそう、

「急いで解決しなければならない」

「早く適切な結論を出さなければならない」

などと考えて、どんどん焦りを増大させていきます。

しかもそうやって焦っているときに目指しているのは、「最も完璧な解答や結論」だったりします。

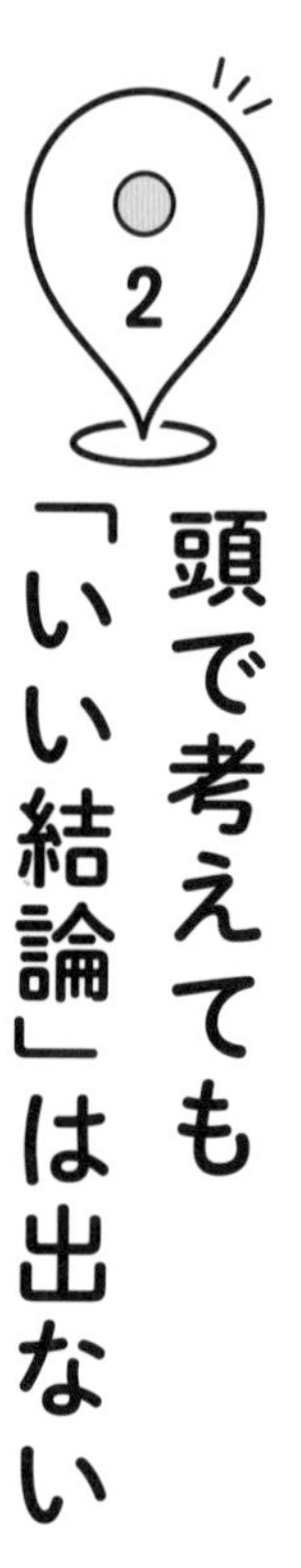

2 頭で考えても「いい結論」は出ない

「迷う」ことを人生の目的にしない

ところで、**迷っている状態を無意識からのメッセージとしてとらえるならば、メリットとデメリットが拮抗している五分五分の状態**ということを意味します。

こんな拮抗状態のときには、どんなに頭で考えても、自分の納得がいく結論が出るわけがありません。そもそも、自分自身が最も納得できるであろう、自分の気持ちや意志を無視して決めようとするのですから、決まるわけがありません。それでいて「自分にとって最も適した結論」を望むのですから、すっきりと腑に落ちる結論が出ることそのものがありえないことです。

もちろん迷うことは、悪いことではありません。

ただ、**五分五分の拮抗状態を思考で崩すことはできません。**思考で何とか結論を出そうとしても、最後に行き着くのはほとんどの場合、
「やっぱり、どっちに決めていいいか、わからない」
という結果になってしまうでしょう。

逆に〝焦って迷って〟いれば、そのネガティブな気分や感情が増産されていくので、迷えば迷うほど、実際に行動したときには、悪しき結果となる可能性も高くなると言えるでしょう。

ただでさえ、私たちは、さまざまな制約のもと、たくさんのことを一方的に要求されている中で、それを「当たり前」のように、受け止めています。

いまあなたが**「〇〇をしなければならない」と思っていることの大半は、一方的にそうするようにと、言わば〝条件づけ〟されているに過ぎません。**

最初のうちは、それに対してあなたは疑問を抱いていたかもしれません。
だからといって、どうしたらいいかまでは、わかりません。
自分が満足できる方法も見つかりません。

また、他者中心の社会であれば、次第に「そんな疑問を抱く自分のほうが間

違っている」ような気持ちになっていくでしょう。

仮に自分のほうが正しいと思っていたとしても、適切な解決策がなければ不安や焦りなどネガティブな気分を抱えたまま生活することになります。

それは、とてもつらいことです。

そんな感情から自分を回避させるには、感じ方を「麻痺（まひ）させる」しかありません。

感じ方が麻痺してしまえば、自分の心に沿う選択や行動ができません。かといって、思考で導き出した結論にも、納得はできないでしょう。

そのために、焦って迷いながらも、実際には行動に移すことができません。

そんな繰り返しが続けば、やがては、〝迷う〟ことそのものが常態となり、最後には、迷うことが、自分の人生の目的となってしまうでしょう。

言い換えると、ヘンな話ですが、「毎日、迷っていないと充実しない」というふうな「迷うことそのものが、人生の生きがい」となってしまうのです。

無意識は「善悪」を判断しない

昨今は、大半の人たちが、「毎日を生活することで精一杯」になってしまっています。

そんな余裕のなさから、考えることそのものが疲れる、という人たちも増えています。ふだんからパソコンを使っていなければ、使い方を忘れてしまいます。いざ使おうとしても、慣れていないので、苦労します。それは、脳も同じです。

しかし、

「しんどいから、自分の生活以外のことに関心を抱くのはやめよう」

というような生活をしていると、それ以外のことには、次第に関心がなくなっていくでしょう。

もちろん、そんな「他のことに無関心な状態」が日常的になってしまえば、ますます、自分では決められない自分になっていくという悪循環に陥るでしょう。

正直なところ、そんな個々の無関心さが、自分の生活を悪化させていくだけでなく、ひいては社会も悪化させていく、という状況を引き起こしています。

しかも現代は、スピード社会です。

しかし、合理性や機能性やスピードばかり追いかけていれば、人の心など除外して、結果を追いかけるだけになっていきます。

その結果、どうなるか？

たとえば、一つのことを決めるのでも、一人だったら、さっさと決められます。しかし複数の人数になると、そうはいきません。それぞれに意見や主張がありま す。話し合って決めようとしたら、自分の思うようには運ばないでしょう。

理解度もそれぞれに異なるために、説明に費やす時間も必要でしょう。満場一致とはいかないまでも、円満に運ぶためには何倍もの時間がかかります。

その時間を「めんどうくさい。もったいない」と感じる人は、結論を急ぎたくなるでしょう。話し合って何倍もの時間をかけるより、一方的に押し切って決めたほうが、はるかに短時間ですみます。

けれども、たとえば職場で、上司や幹部が社員を一方的に強引に従わせようとすれば、次第に不平不満が増えていくでしょう。

これまで述べてきたように、私たちの無意識は、自分の実感した通りの思いを、形にしてくれます。「給料が上がるように」と願ったとしても、不平不満のエネルギーのほうがはるかに強大です。顕在意識でデジタル式に考えて文字だけ並べたような願望や欲求などでは、太刀打ちできません。

無意識は善悪を判断しません。ネガティブな思いであろうとポジティブな思いであろうと、ただひたすら、自分の〝実感〟を実現しようと奔走してくれます。

誰かが相手に「仕返しをしたい」と望めば、仕返しをするチャンスをつくります。自分では自覚なしに、相手に仕返ししてしまうという演出さえしてくれます。そんな仕返しごっこを展開すれば、早晩、その会社は倒産することになるでしょう。

個人的には小さな不平不満だったとしても、それが全社員に及べば、全社員が一丸となって、

「こんな会社なんて、潰れてしまえ！」

と願っているも同然だからです。

こんなふうに良かれ悪しかれ、私たちの**無意識は、自分の実感に忠実に働いてくれるほど有能**なのです。

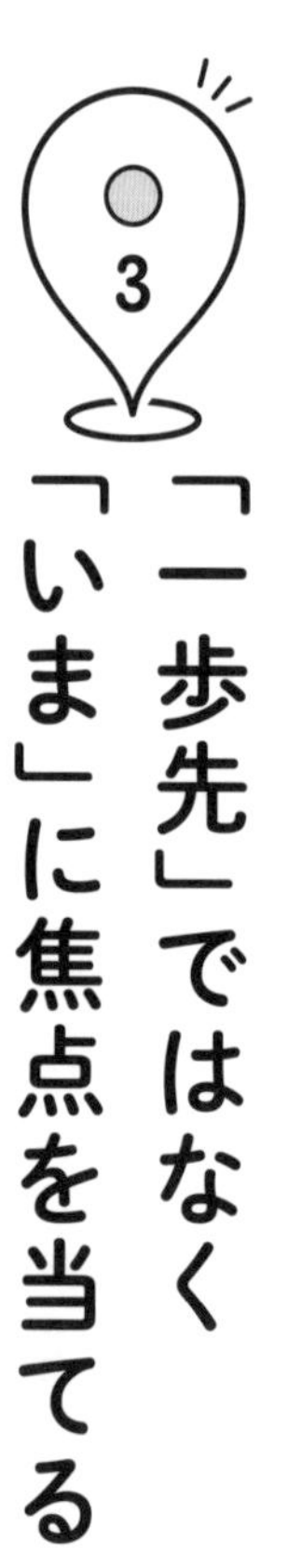

「一歩先」ではなく「いま」に焦点を当てる

「ゆっくりと実感」すれば他人と比べずにすむ

ある経営者から、個人経営をやっていると、大きな会社のように仕事を分担できないですべて一人でやらなければならないので、「ゆっくりと実感する暇がありません」と言われたことがありました。

確かにそうかもしれません。

それでも、結論を言えば、そんな状況や社会だからこそ、ゆっくりと実感する時間が必要なのです。

たぶん、**ほとんどの人たちが「ゆっくりと実感する」ことの重要性に気づいていない**でしょう。

当然だと思います。

なぜなら、たとえば、生まれてずっと一〇年、二〇年、三〇年と、「ゆっくり実感する」ことをしていなければ、自分が「ゆっくりと実感しているかどうか」すら、気づかないからです。

ましてや、「実感して生活している」場合と、「実感しないで生活している」場合とで、その結果がどうなるかを比較することすらできません。

だから、ゆっくり実感するかどうかで、人生に正反対と言っていいほどの差が出てくるなどとは、夢にも思わないでしょう。

- ゆっくりとポジティブな実感を味わいながら生きている人は、人生が順調に発展していく
- 忙しくネガティブな実感を抱きながら、しかも自分がネガティブな気分を実感しながら生きているということに関心もなく、また気づかないで生きている人は、どんなに努力してもなかなかうまくいかない人生になっていく

それに、「ゆっくりと実感して生きている人」がいたとしても、「実感」という観点から他者と比較することはまずないと思うので、自分のペースが速いのか遅

いのかということなど気にも留めていないでしょう。物事がうまく回転していくのは、心地よい実感や満足できる充足感といったポジティブ実感を味わっているからだなんて、改めて考えたこともないほど、当たり前になっているのではないでしょうか。

焦るのは「一歩先」に焦点が当たっているせい

焦る人たちに共通するのは、「いまを感じない」で、つねに「一歩先」に焦点が当たっているという点です。

ある三〇代後半の女性は、小さなミスや失敗を繰り返しています。

自分では、それがどうしてなのかがわかりません。いつも注意しているつもりであっても、うっかりミスは改善されません。職場であれば「緊張しているから」と言うこともできるかもしれません。けれども、そんなうっかりミスは、個人的なことでも頻繁に起こっていました。

「いつも焦っていませんか」

と指摘しても、

「実感して生きていたんじゃ、時間がもったいないですよ。それに、そんな小さな実感が、自信につながるとも思えません」

と否定します。

そんな彼女に尋ねてみました。

たとえば、家で休日に、洗濯をしているとき、部屋の掃除のことを考えていませんか。

あるいは、疲れていて何もしたくないときにでも、頭の中で、

「あれをしなければ、これをしなければ。でも、まだ、これもやっていない」

などと考えていませんか。

休日のときは、

「ああ、明日仕事だ。まだ、あの仕事をやり終えていない」

などと考える一方で、職場では、

「次の休みのときは、何をしようか」

などと考えていないでしょうか。

こんなふうに、いま実際にやっていることと、頭の中で考えていることとが、まるでボタンのかけ違いのようにズレてしまっているのではと確認してみたのです。

彼女は、「確かにそうだ」とうなずきました。

●「いまに生きている人」ほど焦らない

焦っている人たちは、いつも焦っています。自分では、自分が焦っていることすら気づいていないかもしれません。

それは、**自分の意識の目が、つねに「一歩先」にとらわれているから**です。

たとえば横断歩道で信号が赤になっているとき、短距離走の「ようい、ドン」のスタートの合図のように、焦る気持ちで青に変わるのを待っています。

青になって横断歩道を渡っているときは、歩道の先を見ています。

駅が近くになると、改札前のエスカレーターのほうを見ています。エスカレーターを昇っているときは、到着する電車を気にしています。

こんなふうに、家から駅に行くまでの距離の間だけでも、「一歩先」に焦点が合っているので、焦るのが当たり前になっています。

こんな焦りが、ミスや失敗を引き起こしているのです。

他方、**「いまに生きている人」ほど、焦りません。**

横断歩道を渡るとき、赤信号であれば、しっかりと止まります。止まっているときに、改めて自分に意識を向ければ、止まっているときの自分の気分は、落ち着いていることを実感しているでしょう。呼吸は、ゆっくりと静かな呼吸をしています。立っているだけだから、肉体はリラックスしています。

横断歩道を渡るときは、左右に停まっている車両も自分の視野に入っています。

エスカレーターを昇っているときは、自分の足下を感じながら立っているでしょう。周囲をゆっくりと見回す余裕もあります。

焦って電車に駆け込むということは、めったにありません。というより、最初から、駆け込まないですむようなペースやスケジュールで動いているために、駆け込むことがあまりないのです。

●ポジティブな実感を増やしていく

ネガティブな実感であれポジティブな実感であれ、自分が実感するその一つひとつが、人生を彩る設計図となります。樹木にたとえると、根幹や枝葉のすべてが自分の意識によって構成されています。意識の強弱や質によって、その意識は根幹のように影響力が大きいものもあれば、枝葉のように部分的なものもあります。

たとえば、前出の「ゆっくりする暇がない」という意識が、樹木全体に影響を与える〝根〟となってしまえば、絶えず「焦る」気分を抱いて生きることになります。その焦りが実現化するとしたら、頻繁に「自転車操業のような出来事」が起こるでしょう。

同様に、「いつも失敗する」が人生の根幹となっていれば、無意識に「いつも失敗する」選択をして、その方向へともっていくでしょう。

「実感」が人生を彩る設計図になる

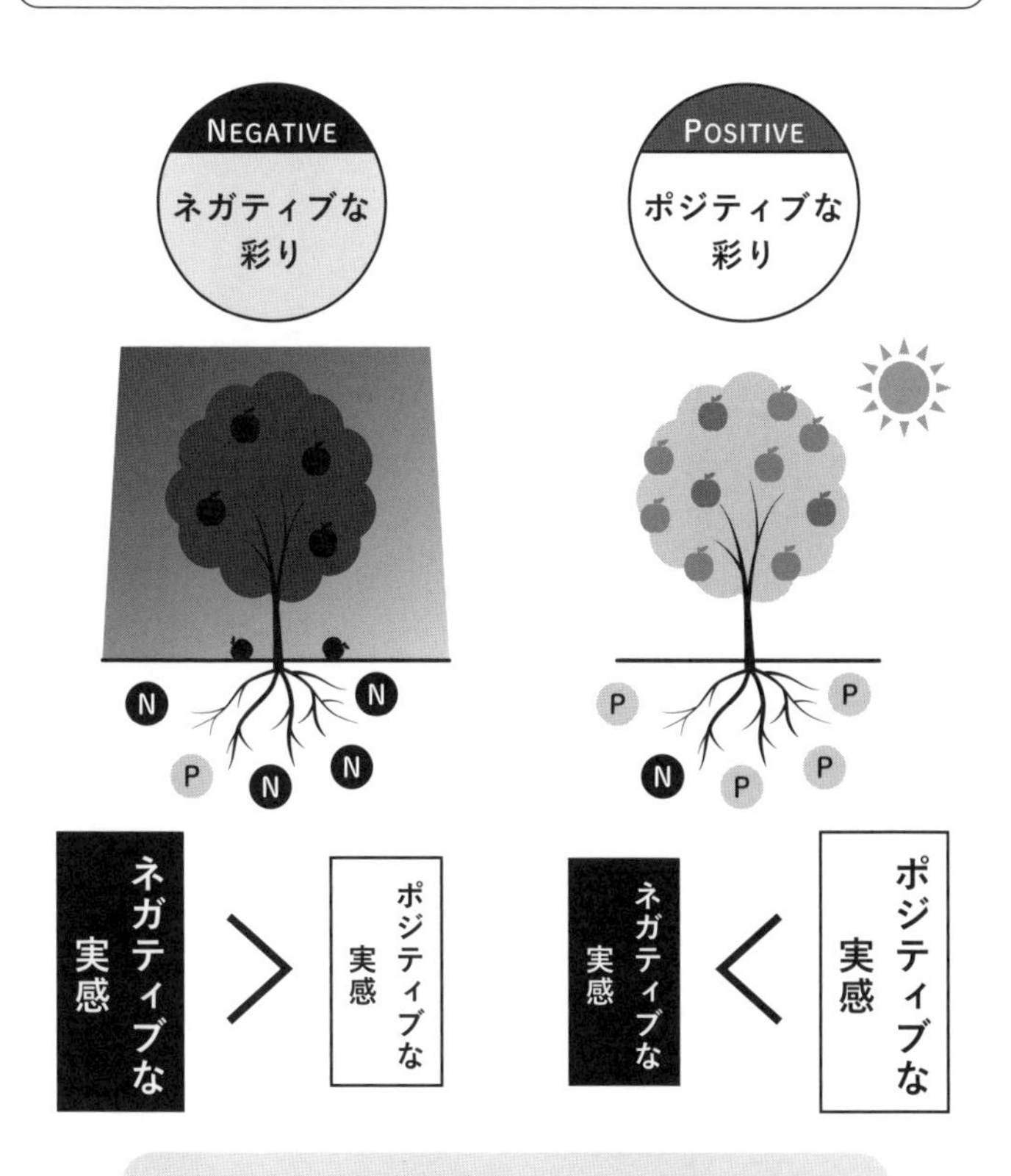

ポジティブな実感をゆっくり味わえば、人生を好転させることができる

自分には能力がないという思いが根幹にあれば、無意識に「能力が発揮できない」選択をして、能力がないと思い知る結果となるでしょう。

いつも遅刻ばかりしていると、その繰り返しが地中に根を張り、やがては「遅刻する」状況を自ら演出していくことでしょう。

誰もが自分の人生を〝よりよくしていきたい〟と望みます。問題が起これば、その解決方法を模索して悩むでしょう。

けれども、なかなか変わらないとしたら、その主因は「実感」にあるといっても過言ではありません。

「実感」は、意識です。

私たちの人生は、意識がベースとなっています。

そうであるとしたら、**焦りや不安を始めとするネガティブな実感よりも、「ポジティブな実感」を増やしていく、これだけで厳しい状況を好転させたり、人生をいい方向へと発展させたりすることができる**かもしれないのです。

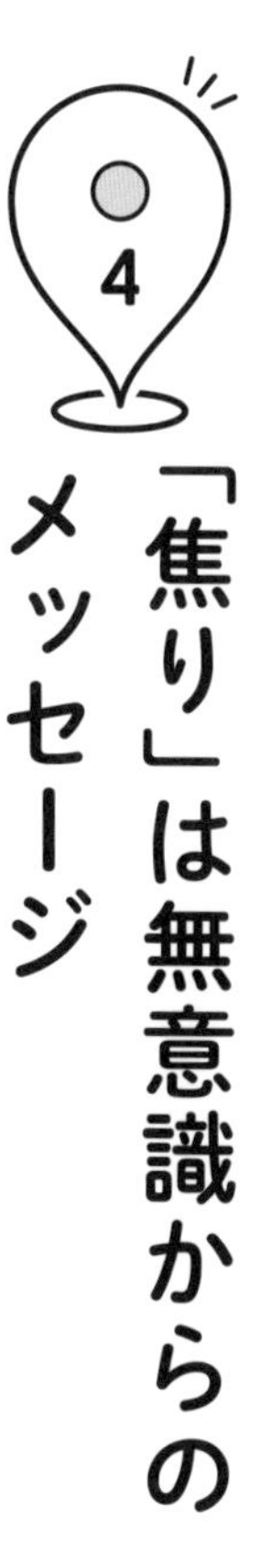

「焦り」は無意識からのメッセージ

着実に目標を達成できる最短のコース

いま目の前で起こっていることや、いま自分がやっていることを、ゆっくりと実感するだけで、心地よさや充足感や満足感といったポジティブな気分が生まれます。

これまで述べてきているようにポジティブな実感を根幹とすることができれば、自分の無意識は、自然とポジティブな選択をし、そしてポジティブな行動を取っていきます。

たとえば私たちの身にさまざまな出来事が起こるとき、

「Aでも、Bでも、Cでも、Dでも、Eでも問題が起こっていて、その一つひとつに取り組まなければならない」
と考えると、あまりにもたくさんありすぎて、気が遠くなるような作業のように思えてくるでしょう。

しかし、実感はそうではありません。

その時々の場面を、感情や気分という視点でとらえれば、Aの場面で焦るとしたら、BCDEの場面でも焦っています。

この「焦る」という実感が、いくつもの問題を引き起こしているとしたら、「焦る」という根本的な実感を、「ゆっくりと実感する」だけですみます。

Aの場面で「ゆっくりと実感する」ことができれば、自動的に、BCDEの場面での実感も変わっていきます。

事を急いては失敗します。

その起動力となっているのが「焦り」です。

ですから、もしあなたが、**「焦っている」と気づいたら、それは反対に、目標を達成するには「時間がもっとかかる」という無意識からのメッセージ**であるととらえましょう。

いまやろうとしていることに焦りを覚えるのだとしたら、それは、「いますぐに達成することは無理なんですよ」とあなたの無意識が、「焦る」という感じ方で、それを教えてくれているのです。

もし、本当に成功を望むのであれば、「一歩先を見る癖」をやめるために、いま、自分が取り組んでいる「目の前」のことを、ゆっくりとていねいに実感しましょう。

焦っている人たちにとってはとくに、ゆっくりと時間をかけるというのは、遠回りしているように感じるに違いありません。

けれども本当は、**ポジティブな気分や感情を「ゆっくり味わいながら」のほうが、着実に目標達成できる最短コース**なのです。

●「思考する」と「感じる」は両立しない

「思考する」ことと「感じる」こととは、両立しません。

思考しているときは、実感していません。

感情であれ五感であれ、感じることのほうに焦点が当たっているときは、思考は止まっています。

頭であれこれ考えて、「焦らない」ようにするのは至難の業ですが、「実感する」に集中できれば、思考は簡単に止まります。

「一歩先を見る癖」も、本をただせば、思考がつくりだした焦りによるものです。

ですから、実感のほうに焦点が当たれば、焦りが減るために、「一歩先を見る癖」も消えていくでしょう。

また原理的に、実感の分量が増えれば、思考をする分量は減ります。

さらには、ポジティブな実感が増えれば、自動的にポジティブな思考をするようになるので、

「みんなに追いつくために、急がなければならない」

などといった焦りを生むような思考も、どんどん減っていくでしょう。

なによりも、実感することの最大のメリットは、実感の分量が増えることで、思考そのものが激減することです。そのために、自分にとって無駄な思考や有害

な思考となるものを排除できます。

さらに、そうやってポジティブな思考になれば、自然とポジティブな選択をするようになります。その結果、人生もよくなっていくという〝好循環〟をつくりだすことができるのです。

ですから、**ポジティブな気分や感情を「ゆっくり味わう」ことこそ、着実に目標達成できる最短コース**となるのです。

焦りは、
目標を達成するには「時間がもっとかかる」

という無意識からのメッセージ

——先を見るより、いま、「目の前」を
ゆっくりとていねいに実感して生きましょう。

第7章

感情を味方にすると すべてがうまくいく

1 「デジタル思考」と「アナログ思考」

■物事を損得で判断する「デジタル思考」では損をする

いまの社会がそうであるように、他者や周囲や外側にとらわれすぎると、気づかないうちに「他者中心」にどっぷりと浸かってしまいます。

けれども、他者中心になってしまうと、自分が判断するときに、何を基準にしていいかわからなくなってしまうでしょう。

もろもろのことを決断するとき、

「これをしたほうがいいのだろうか、しないほうがいいのだろうか」

と迷うことが少なくありません。

簡単に言うと、そうやって迷うのは思考にとらわれて、

「自分にとってどちらを選択したほうが、より得するんだろうか」

という損得勘定が働くからでしょう。

この**損得で判断しようとする思考を、私は「デジタル思考」と呼んでいます。典型的な他者中心の思考パターン**です。

損得を基準にしてはいけないということではありません。人間誰しも、幸せになりたいし、得したいと思うものです。そんな欲求があることは、むしろ好ましいことだと言えるでしょう。

ただ、**実際に行動するとき、「デジタル思考」で判断すると、反対に損をすることが多いということを、知っておいたほうがいい**でしょう。

どうしてでしょうか。

それは、「損得にとらわれている」とき、自分の〝心〟をまったく考慮していないからです。

デジタル思考では、表層のことだけしか見えません。氷山の一角というたとえがあるように、海面に浮かんでいる氷しか見せません。

けれども、海中には、その何十倍、何百倍もの氷が隠れています。

こんな氷山の全体像を把握するには、どうしても「アナログ思考」であることが必須です。

●自分の感覚のすべてをとらえる「アナログ思考」

デジタル思考は平面的ですが、アナログ思考は立体的です。

ではどうやったら、立体的な思考ができるようになるのでしょうか。

それが〝実感〟です。

感じ方は、それこそ無限です。いくらでも自分の感度は高められます。

自分の欲求や感情や五感、あるいは肉体の感じ方も含めて、自分が感じる感覚のすべてを、自分の無意識からのメッセージととらえることができます。

こんな**実感を信じて、その上でトータルに判断できるのが「アナログ思考」**なのです。

しかも、こんな無意識の実感は、自分がそれに気づいていてもいなくても、圧倒的パワーを発揮します。顕在意識の欲求など比較になりません。

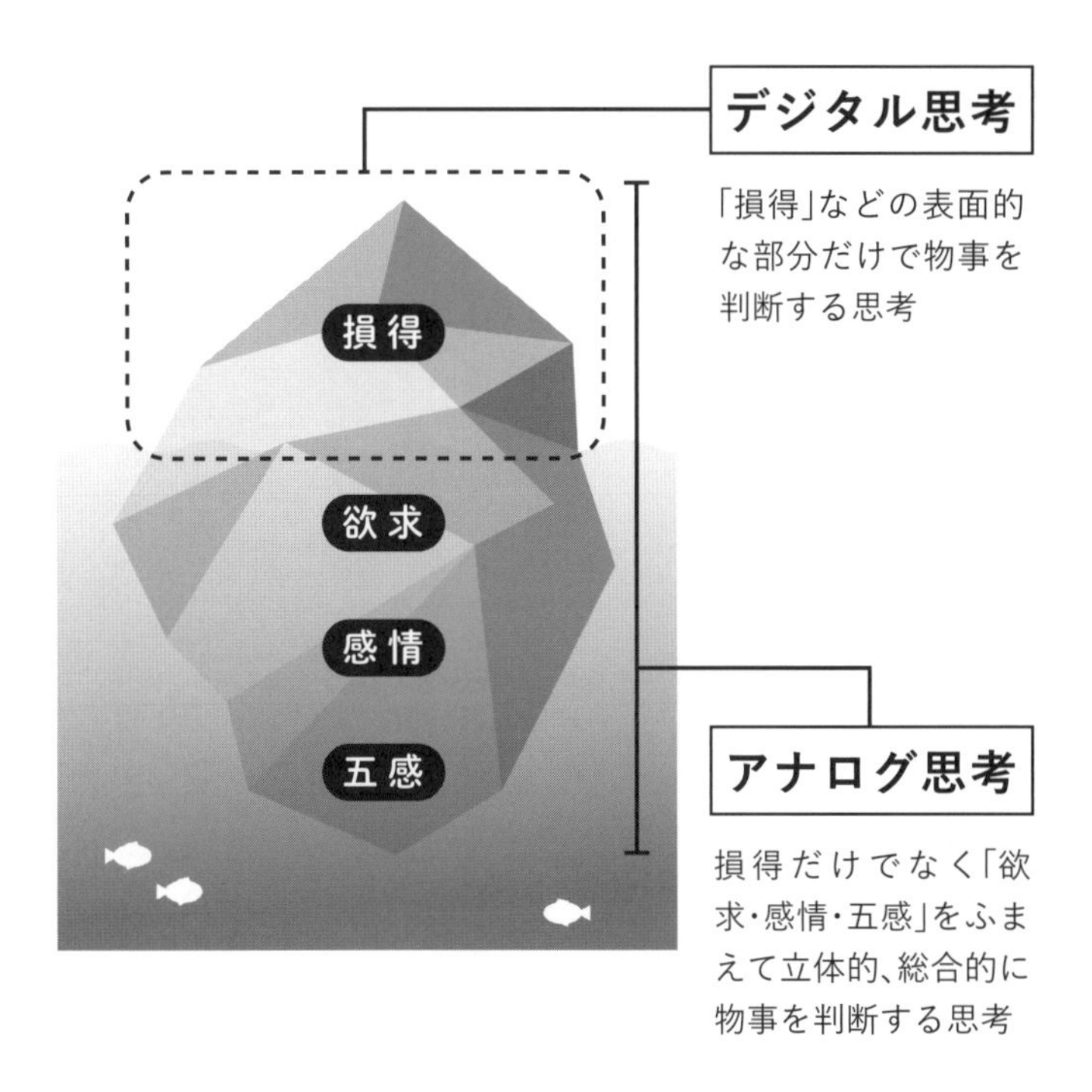

「アナログ思考」ができるようになるためには
欲求・感情・五感などの"実感"を信じること

どんなに損得勘定で「得する」と思えたとしても、もし自分が無意識のところで、「やりたくない」「不安に感じる」「苦痛に感じる」「そうすることに罪悪感を覚える」といった感情を抱いていたとしたら、無意識は、そんなネガティブな感情を、速やかに解消しようと作動し始めるでしょう。

その結果、デジタル思考しかできない人の目には、自分の願いは叶わなかったと映るでしょう。

しかし無意識の自分にとっては、それは「不安、苦痛、罪悪感」から解放されて、自分の願いが叶った、となるのです。

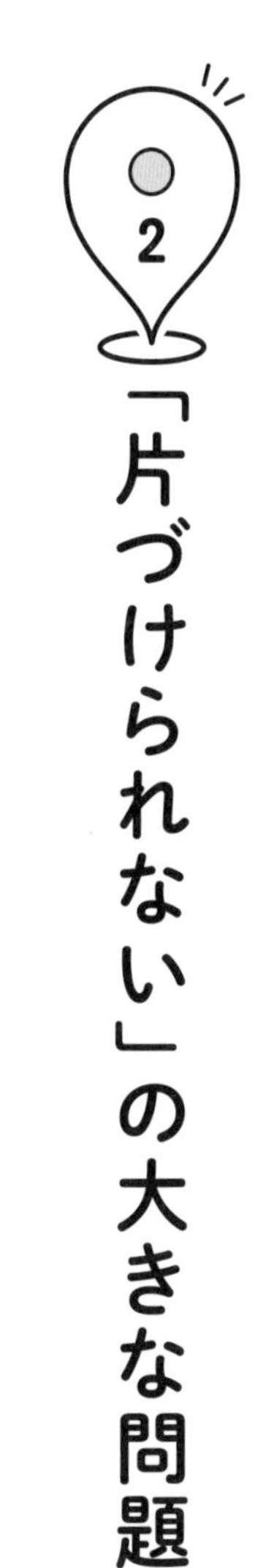

2 「片づけられない」の大きな問題

■「片づけられない」のは自分の心を大事にしなかったせい

簡単にできそうに思えて、なかなかできないというとき、その根底には大きな問題が隠れています。

たとえば、部屋や服やこまごまとした持ちものなどを「整理できない、片づけられない」といった悩みも氷山の一角で、その下には大きな問題が眠っています。テレビでたびたび、ごみ屋敷問題が特集に組まれるほど、片づけられない人たちが増えています。

これも悲しいことですが、自分の心を大事にすることができなかった、あるいは大事にしてもらえなかったという人たちの結果です。

子どものしつけで、

「うちの子は、おもちゃを散らかしてばかりで、片づけようとしないんです。どうしたらいいいんでしょうか」

と相談されることが少なくありません。

おもちゃが転がっているありさまに、会社から帰宅した夫から、

「子どもに片づけるようにしつけるのが、母親の役目だ」

と一方的に責められるという妻もいます。

稼いでいるのは自分だし仕事に追われているから、家や子どものことは妻の責任だというのが夫の言い分です。

しかし実際には、夫自身が、片づけられない人なのかもしれません。

あるいは、子どもに片づけるように口を酸っぱくして叱る妻であれば、本当は妻も片づけられない人なのかもしれません。

なぜなら、もし「片づけられる親」であれば、最初から、子どもも自分のものを片づけられる人になっているはずだからです。

たとえばそのおもちゃが、子どもが欲しくてたまらなくて、自分で選んだものの

であれば、愛着が湧くでしょう。

自分が自分で欲求し、こづかいやお手伝いをして貯めたお金で手に入れたものであれば、いっそう大事に〝したい〟と思うでしょう。片づけろと指示されなくても、自分の大事なものだからなくしたくないし、人に貸したくもないのであれば、言われなくても片づけるでしょう。

骨董品や趣味の蒐集家(しゅうしゅうか)といった人たちが、それを大事にするのも、「好きだから」こそでしょう。

じつは根深い「片づけ」問題

前記したように、片づけられない人になってしまうのは、自分の「したい、したくない」といった基本的な欲求を満たすことを許されなかったからです。

一方的に押しつけられることはあっても、自分の気持ちを、親から尊重されてこなかった人たちです。

ですから親のほうも、

「片づけて、すっきりとしたい」
という欲求よりも、
「片づけなければならない。でも、できない」
というふうに、義務や責務で拘束されています。決して、自分が望んで片づけたいと思っているわけではありません。

もっとも、果たして片づけが悩みになるほど、家の中の物を整理整頓しなければならないものだろうかという疑問もあります。というのも、せまい部屋に物があふれている、というのが日本の住宅事情だからです。

広い屋敷に住んでいれば、居住空間も広いし、ものを収納するにも苦労しないでしょう。けれども多くの一般家庭はそうではありません。

そんな環境で、家のものを毎日スッキリと整理整頓しておくというほうが、無理な相談ではないかと言いたくなってしまいます。

実際に、「子どもが片づけをしない」とこぼす親たちのうち、どれほどの人たちが、自分では片づけができているでしょうか。

子どもに向かって「片づけなさい！」と叱る父親も、「うちの子は散らかすばっかりで、全然片づけようとしない」と愚痴る母親も、ともに、片づけられない人なのではないでしょうか。

むしろ、そういった**事実を無視して、「片づけなければならない」という思考から、片づけられないことを問題視してしまうことのほうが、逆に問題**です。

こんなふうに、片づけ問題の奥底には、非常に大きな問題が横たわっているのです。

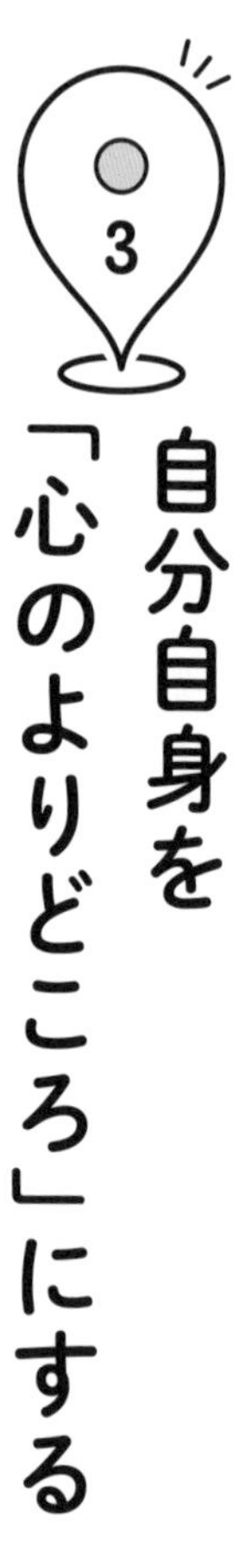

3 自分自身を「心のよりどころ」にする

自分の心を麻痺させて生きてきた人たち

最近、国や地方の議員たちが、キレて秘書に暴言を吐いたり、蹴ったり殴ったりという問題が頻発しています。経歴だけを見ると、品行方正、聡明で人望も厚い人のように思ってしまいます。

ところが、実像は、非常に感情的だったり、粗暴だったり、厚顔無恥だったり、無知だったりするという人たちも少なくありません。

そんな人たちこそ、家庭環境で、自分の感情を大事にしてもらえずに、ひたすら親の言いなりになって、自分の心を麻痺させて生きてきた他者中心の人たちなのです。

そうであるために、一見、論理性に長けているように見えて、その実、思考の域はデジタル思考を越えるものではなく、驚くほどアナログ思考ができません。デジタル思考であるために、未来の予測も立てられず、目先のことにとらわれて、後先考えずに無鉄砲に行動したりするのです。

本人たちは、自分のそんな他者に対する不適切な言動や仕打ちが、子ども時代に家庭環境や育成過程で身につけたものであるとは夢にも思っていないかもしれません。

あるいは、そうやって暴力的に相手を傷つけてしまう本当の原因は、自分の親に対する怒りや憎しみであることにも気づいていないかもしれません。

裏を返せば、**自分が他者にひどいことをするとしたら、それは、自身が家庭で、過去にそういう扱いを受けていたということ**なのです。

そんな過去の傷みを未だ癒やせず、その反動で、赤の他人にはどれだけでも平気でひどい仕打ちをしてしまう人であっても、親とは向き合うどころか、黙って従って何も言えないという五〇代、六〇代、七〇代の人たちもいるのです。

無意識は何よりも「感情」や「実感」を優先する

考えてもみてください。

五〇代、六〇代、七〇代になってもなお、自分の親に支配されていて、そこから脱することができないということを。

自分の無意識は、自分の感情やその実感を、何よりも優先します。どんなに自分では冷静に、客観的に判断しているつもりであっても、自分の言動は、自分の根底の意識から始まります。

たとえば自分の意識の根底に、憎しみや恨みがあれば、その視点から、思考が始まります。もちろんそのときの「無意識の目的」は、その憎しみや恨みを達成することです。

どんなに自分が顕在意識で高邁（こうまい）な理想を掲げて、それに向かって邁進しているつもりであっても、自分の根底に憎しみや恨みがあれば、その復讐心から恐怖をもたらすような状況を実現させていこうとするでしょう。

たとえば相手が、善意で自分のために何かをしてくれたとしましょう。

自分の意識の根底に、強い憎しみや恨みを抱えていると、その視点からしか物事が見えません。そのために、それを善意だと感じずに、自分を陥れるために何かを画策しているのではないかと邪推するかもしれません。相手に不信感を抱いて、「何を企んでいるんだ」などと言ってしまうかもしれません。

たとえば、自分の誕生日のために妻がサプライズを用意しようと準備している姿をたまたま目撃すれば、妻のコソコソした動きに、浮気しているのではないかと疑念を抱くかもしれません。

自分が相手のために努力したとしても、同じです。

相手が自分の望むような反応をしないと、それだけで傷ついて、

「こんなに努力してやってあげているのに、その態度は何だ!」

などと腹を立てるかもしれません。自分が相手のためにすればするほど、それ以上の心理的報酬を相手が返してくれないと、自分の善意も容易に憎しみや恨みに変わります。

こんなふうに、至るところで、他者に対する不信感やネガティブな気持ちが頭をもたげてしまい、自分が信じている通りに憎しみや恨みを抱くストーリーへと、

自分を導いていくのです。

これは特別な人の話ではありません。いまや社会全体が、自分の心にネガティブな感情を抱え込んでいて、きっかけさえあれば誰かに激しい感情をぶつけては、

「誰かをターゲットにして集中攻撃しないではいられない」

こんな社会環境になればなるほど、**心のよりどころとなるのは自分自身**です。**自分中心になって自分の心を基準にしなければ、ますます自分を守れない時代になりつつある**のかもしれません。

「感情」も「五感」もない世界を想像してみる

もし、世界に「感情」がなかったら？

自分中心心理学では、「気持ちや気分や感情」だけでなく、五感の感じ方、肉体や感覚も含めて「感じること」を重視しています。

時折、

「傷つきたくないから、感情なんて、感じないようになったほうがいい」

と言う人を見かけます。それでいて、

「幸せになりたい」

と望みます。このとき、自分が矛盾することを言っていると気づいていません。

では、実際に、「感情がない」世界を想像してみましょう。

まず、**感情がないということは、ネガティブな感情を感じないだけでなく、ポジティブな感情も感じないということ**です。

確かにネガティブな感情を感じることがなければ、他者に、とんでもない仕打ちを受けたとしても、傷ついたとは感じないでしょう。

大切な人を失ったとしても、つらいとは感じないでしょう。それ以前に、相手を「大切だと感じる」感情がないのですから、大切に思える人が存在しません。

孤独で生きていても、さみしいとは感じないでしょう。

そんな現実をリアルにシミュレーションできない人は、ネガティブな感情で落ち込むことがなさそうで、「それだったら、楽だろうな」と思う人もいるかもしれません。

しかしそれが意味するところは、ポジティブな感情も感じない世界ということです。

相手にやさしくされても、うれしいという気持ちは湧きません。

感謝の気持ちも湧かないでしょう。

自分に愛を感じてくれても、それを感じることができません。

「愛している」と言われても、幸せや喜びを感じません。

人と心の通い合う会話ができたとしても、ほのぼのとした温かさや満足感を味わうこともありません。人と一緒にいても、ポジティブな感情を感じられない自分にとっては、意味がありません。

心の中は、荒涼として無味乾燥な無色の世界です。

自分に「何のために生きているのか」と問うこともなく、生きている理由も意義もなくなってしまうでしょう。

もし、世界に「五感」がなかったら？

では、今度は、五感のない世界を想像してみましょう。

五感は、私たちにとって、それぞれにポジティブな感覚を感じるだけでなく、そのすべてが生きていくうえでの情報ともなっています。

五感を感じないということは、味覚、嗅覚、視覚、触覚、聴覚を感じません。

これらのすべてが遮断されてしまう世界です。

臭い、汚い、熱い、冷たい、痛いといった感覚がわかりません。

暑い、寒いもわかりません。

体調が悪くても気づかないでしょう。

怪我をしてもやけどをしても、気づかないでしょう。

食べものが腐っていても、わかりません。

果物のおいしさを味わうことができません。

芸術的な音楽に浸ることもありません。

創造的な美術品を眺めていても、心が動くことはありません。

大自然の真ん中にいても、山のてっぺんに立っていたとしても、「すばらしい！」と叫びたくなるような感動も起こりません。

こんなふうに、一つずつ挙げていくと、「感じないほうがいい」といった言葉は口にするのもはばかられるのではないでしょうか。

多くの人たちが感情を厄介者のように感じてしまうのは、ささやかな場面場面で感じるポジティブな感覚の感度が、まだまだ、育っていないからでしょう。

けれども、**生きる喜びや満足感や幸福感に包まれるのは、感情や五感や肉体で感じるポジティブな感覚を味わえてこそ**ではないでしょうか。

感情は「自分の守護神」

それだけではありません。感じることには、もっと重要な意味があります。

なぜなら、**感情や五感や肉体を通して感じる感覚のセンサーは、「自分を守るためのツール」でもあるから**です。

しかもその**センサーは、「自分の守護神」とも言えるほどに頼りがいがあって強力**です。

自分の気持ちを無視したり後回しにしたりする人は、そんな存在さえ信じていないので、何をよりどころにしていいかわかりません。

そのために、自分の判断に自信がもてず、他者の判断を頼りにしたり他者の意見に従ったりしがちです。

そんな依存的な選択でとりわけ判断ミスをおかしやすいのは、「相手の心」よりも「相手の言葉」を鵜呑みにしてしまうという点です。

たとえば、相手が「○○までには、必ずお約束を守ります」と言ったとしましょう。

その期日になるまでの間に、ふと疑念が湧いたとしても、相手の言葉を信じて待つでしょう。

果たしてその期日になって約束が守られなかったとしても、相手がいろいろな言い訳をすれば、それを信じようとするでしょう。

その後で、いきなり連絡が途絶えて、相手の所在がわからなくなったとしても、まだ、相手の言葉を信じたいと願うでしょう。

自分の心の中を覗けば、すでに騙されたと判断できる場合でも、なお、

「でも、あの人は〝必ず守る〟と言ったんだから」

などと相手の言葉にとらわれて、自分の疑念を打ち消そうとします。

すでに自分の心は知っています。

けれども、それを認めたくないのです。認めれば、もっと怖いことが起こってしまう。それは見捨てられる恐れや絶望であるかもしれません。

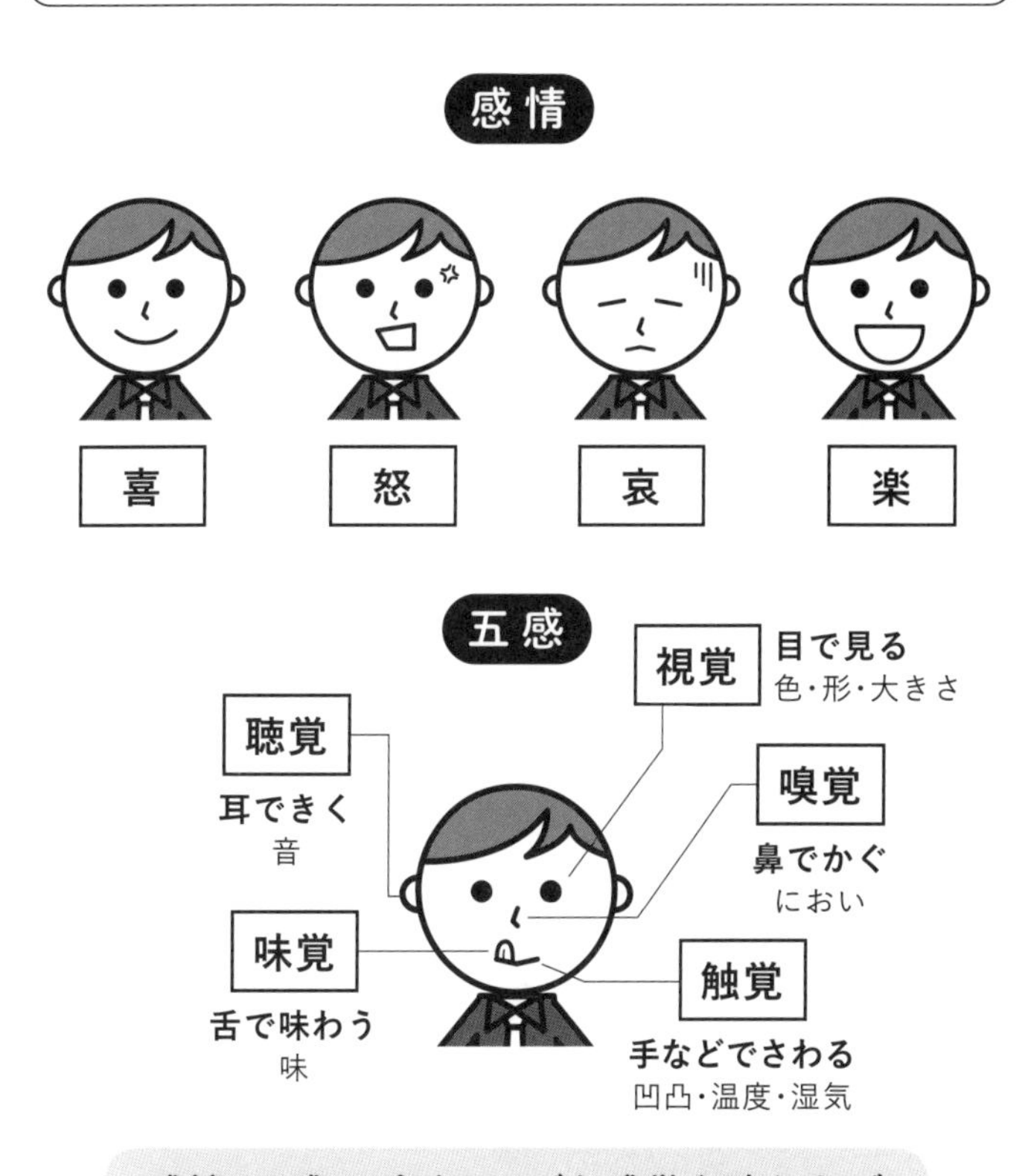

感情・五感でポジティブな感覚を味わえば
満足感や幸福感を得られる

そんな恐れから目をそらしていたくて、相手の言葉に一縷の望みをかけてしまうのです。

そうやって依存した果てに、その言葉が完全に嘘だったと思い知るときには、もう後戻りできないほどに追い詰められていたりするのです。

●自分を守るためには「自分の感じ方」を信じること

自分の心にしっかりと寄り添える人は、自分というよりどころがあります。

そのために、こんなときは、相手の言葉よりも、自分の「感じ方」のほうを信じるでしょう。

慣れていないとむずかしいかもしれませんが、相手が言っている言葉を、自分自身がどう感じるかに焦点を当てれば、相手の心を感じ取ることができます。

相手の言葉が、自分の心にどう響くのか。

わからない人であっても、その言葉が自分の心にポジティブに響くのか、ネガティブに響くのかの違いであれば、感じ取れるのではないでしょうか。

相手がどんな気持ちで、その言葉をつかっているのか。

その言葉の中に誠意や誠実さがこもっているのか、そうでないのか。

自分の中に、不信やごまかしや偽りといった疑念がよぎったら、それは、相手の意識を自分が感じ取ったからなのかもしれません。

自分の感じ方のセンサーが一〇〇パーセント正確だとは言いませんが、**少なくとも相手の言葉よりも、「自分の感じ方のセンサー」のほうがはるかに正確**です。

私たちは、自分の思いや感情や気分を感じるというだけでなく、相手が抱いている思いも感じ取っています。人によってはまだ、そんなセンサーが作動していないだけだと言えるのです。

こんな感覚のセンサーは、磨けば磨くほど精度も高くなっていきます。

ふだんからこんな自分の感じ方のセンサーを磨いていれば、さまざまなトラブルが、起こる前に、それに気づいて対処できるようになるでしょう。

自分の感じ方を信じて、判断し、行動する。

自分の感じ方を信じることができれば、非常に簡単です。

これが、結果として、自分を守ることになるのです。

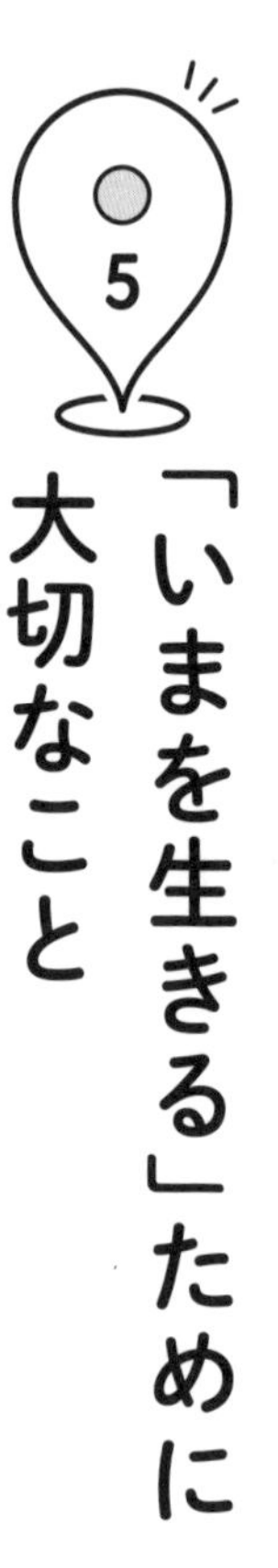

「いまを生きる」ために大切なこと

自分の気持ちに沿ってペース配分する

こんなささやかな日常の中にも、自分に対する「愛」があります。

たとえば、あなたがあるテーマにした本を執筆したいと考えたとしましょう。

〝したい〟という欲求を感じながら仕上がっている本をイメージすると、幸せな気分に満たされるでしょう。

一冊の本を仕上げるには、約二〇〇ページ分の原稿を書くことになります。

現実に戻って、「二〇〇ページ書けるかなあ」とつぶやけば、不安になるでしょう。

期限までに「必ず仕上げなければならない」という厳しい条件をつければ、よりプレッシャーを覚えるでしょう。

この段階ではウキウキした気持ちや不安など、いろいろな気分や感情が、ないまぜになっているでしょう。

こんなとき、原稿を数か月で書き上げると決めて、さらに具体的に一か月で三章分を書くと決めれば、改まった気持ちでやる気が湧くのを感じるでしょう。

スケジュールを見て、予定を確定させれば、ホッとします。

全体をおおまかに見つもって、さらに一週間にこれぐらいの枚数と決めれば、見通しが立って、いっそう安心します。

実際に書き始めたとき、疲れたら、その疲れを放置しないで、その時々でしっかりと二、三〇分、休憩をとります。

そうやって実際に書き進めながら、一週間で決めた枚数が達成できれば、ホッとします。

気分が乗って予定以上に書き進められれば、おおいに満足するでしょう。

なかなか進まない日があれば、予定の枚数に足りなくても、無理をしないで、

「よし、今日はもう、やめよう」

と決断できるし、また、そんな自分を誇らしく感じたりもします。

執筆の途中で不測の事態やイレギュラーなことが起これば、とたんに集中力が落ちるのを自覚します。

その問題にとらわれて、書き進められない日があれば、焦るでしょう。けれども焦ってもうまくいかないと知っているので、思い切って「しばらく中断しよう」と決めることもできます。

しばらく執筆から離れていても、問題が解決していくにつれて心が整い、ふと自分の心が原稿のほうに戻っているのに気づきます。

そうやって、日々、自分の気持ちに沿ってペース配分をすることで、継続できるのです。

●感覚、五感、感情を総動員して「いまを生きる」

自分がいま体験していることを、あらゆる感覚、五感、感情を総動員して「感じ味わう」ことが、「いまを生きる」ということです。

いまを生きながら、その時々に自分の心に沿った選択をしていれば、自分の心は、充実感や満足感で満たされます。

そんな**満足感や幸福感といったポジティブな気分や感情を感じているときは、「心と行動が一致」**しています。

それは同時に「自分を愛している状態」とも言えるでしょう。

自分が何か好きなことをしていているときに楽しい、面白い、ワクワクするといったポジティブな感情や気分を味わっているとき、それは、自分を愛している瞬間でもあるのです。

人と一緒にいて、自分がうれしい、楽しいといった満足感や幸せ気分に浸っているとき、同時にそれは、自分を愛している時間でもあります。

誰かが自分に愛を一〇〇パーセントくれたとしても、自分自身の愛を感じる感度が一〇パーセントであれば、自分にとっては一〇パーセントの愛でしかありません。

誰かが自分に愛を一〇〇パーセントくれたとき、自分自身の愛を感じる感度が二〇〇パーセントであれば、相手の二倍の愛を感じていることになります。

感情は「自分を愛するため」のメッセージ

「感じる」ところに焦点を当てて味わうには、時間がかかります。

現代のようなテンポの速い動きに合わせようとすると、つねに焦っていたり、結果ばかりを追い求めがちです。

そんな人にとっては、感情であれ感覚であれ、「味わって感じる」という行為は、ひどく時間のかかる、〝めんどうくさい作業〟のように感じるでしょう。

しかし、そうやってめんどうくさい作業を怠れば、自分が感じている感情や気分は、ネガティブな実感で占められてしまうでしょう。

実感は、自分を愛しているかどうかの目安です。

その「いま」が、ネガティブな感情や気分に満たされているとしたら、それは「自分を愛していない」ということです。

その「いま」が、ポジティブな感情や気分に満たされているとしたら、それは「自分を愛している」ということです。

そういう意味で、**自分が感じる感情は、ポジティブな感情もネガティブな感情もすべて、「自分を愛するために」という無意識からのメッセージ**だと言えるでしょう。

自分の実感の蓄積によって、ポジティブな人生になっていくか、ネガティブな人生になっていくかが、決まってしまいます。

これまで述べてきたように、自分の意識の根底をポジティブな色に塗りかえていけたら、それだけで、勝手に人生はよくなっていきます。

成功を目指せば、自分の望む成功が手に入るでしょう。

幸せを目指せば、自分が望む幸せが手に入るでしょう。

日々の「小さな歓び」を味方にすれば、幸せも成功も向こうから飛び込んでくるでしょう。

真理は、意外なほどにシンプルなのです。

感情はすべて、

「自分を愛するために」

という無意識からのメッセージ

——「**小さな歓び**」を味方にすれば「**幸せ**」になれます。

石原加受子（いしはら　かずこ）
心理カウンセラー。「自分中心心理学」を提唱する心理相談研究所オールイズワン代表。日本カウンセリング学会会員、日本学校メンタルヘルス学会会員、日本ヒーリングリラクセーション協会元理事、厚生労働省認定「健康・生きがいづくり」アドバイザー。
「思考・感情・五感・イメージ・呼吸・声」などをトータルにとらえた独自の心理学で、問題解決、生き方、対人関係、親子関係などのセミナー、グループ・ワーク、カウンセリングを行う。『「しつこい怒り」が消えてなくなる本』（すばる舎）、『仕事・人間関係「もう、限界!」と思ったとき読む本』（KADOKAWA）などベストセラー著書多数。累計は150万部を超える。

感情(かんじょう)はコントロールしなくていい
「ネガティブな気持(きも)ち」を味方(みかた)にする方法(ほうほう)

2020年 6月10日　初版発行

著　者　石原加受子
発行者　杉本淳一

発行所　株式会社日本実業出版社　東京都新宿区市谷本村町3-29 〒162-0845
大阪市北区西天満6-8-1 〒530-0047

編集部 ☎03-3268-5651
営業部 ☎03-3268-5161
振　替　00170-1-25349
https://www.njg.co.jp/

印刷／壮 光 舎　　製本／共 栄 社

この本の内容についてのお問合せは、書面かFAX（03-3268-0832）にてお願い致します。
落丁・乱丁本は、送料小社負担にて、お取り替え致します。

ISBN 978-4-534-05786-0 Printed in JAPAN